기적수업 묵상집

목차

역자 서문 9

1부 영혼의 선물

1 빛의 길 15
수업의 성격
기적
목적
선택
진리와 실재

2 마음 27
마음
믿음
생각
지각

3 꿈과 허상 39
꿈
허상

4 세상과 시간 49
세상
시간

5 잘못된 정체성 57
육체
에고
자아개념

6 진정한 정체 69
정체성

자아
　　영

7 여정의 장애물 77
　　고통
　　죄책
　　두려움
　　분노와 공격
　　판단
　　방어

8 치유의 관계 95
　　용서의 실천
　　교육과 학습
　　형제를 인식하기
　　치유와 전일
　　거룩한 관계

9 평화적 대안 115
　　귀향
　　자유
　　구원
　　사랑
　　하나님께로 깨어남
　　평화의 조건
　　빛과 기쁨

10 새로운 시작 133

2부 평화의 선물

1선택은 우리에게 있다 139
　　평화의 수용
　　우리의 공통된 목적

2 너의 마음에 대해 마음을 바꾸라 147
　　마음의 힘
　　지각은 거울이다
　　생각의 힘

3 네가 실재라고 생각하는 것을 바꾸기 159
　　꿈
　　과거를 보내기
　　실재를 환대할 때

4 평화의 장애물 175
　　특별함의 추구
　　희생의 의미
　　두려움과 죄책감의 장막
　　판단과 방어를 내려놓기

5 갈등의 종말 191
　　분노와 공격에 대한 재해석
　　갈등과 전쟁의 해결

6 나와 하나인 형제에게 평화를 203
　　에고의 오류
　　너는 유일 자아다
　　형제를 알기

7 평화는 우리를 통해 온다 217
　　가르치는 것이 곧 배우는 것이다
　　주는 것이 받는 것이다
　　모든 것에 용서가 깃들게 하기 위해
　　세상으로 평화를 가져오기

8 평화의 선물 233
　　치유
　　자유

사랑

　9 열려있는 평화의 길 245
　　　평화로 가는 길은 열려있다

3부 치유의 선물

　1 치유의 열망 255
　　　치유의 결정
　　　치유의 조건
　　　서로 치유하기

　2 병의 꿈 269
　　　허상의 장막
　　　분리가 곧 병이다
　　　몸의 한계
　　　네가 보는 세상
　　　시간과 영원
　　　두려움에서 믿음으로

　3 꿈의 원인 293
　　　공격과 비난
　　　죄책에서의 탈출
　　　지각의 힘
　　　배움과 가르침
　　　마음의 변화

　4 깨어나는 수단 313
　　　꿈에서 깨어남
　　　내면의 성찰
　　　심리치료
　　　용서와 감사
　　　실재와 진리

5 자유의 기쁨 337
　　거룩한 순간
　　비전과 전일
　　사랑과 기쁨
　　네 안에 있는 빛
　　하나님 안에서 안식하기

기적수업 합본 원문 출처 365

역자 서문

"하늘의 목소리를 직접 받아썼다는 책들이 무수히 많지만, 『기적 수업』은 금본위 화폐와 같다. 이 책은 새천년을 위한 성서로까지 여겨지는데, 이런 말은 단순한 비유가 아니다.

이 책은 성서와 마찬가지로 거의 모든 문제에 대한 해답을 담고 있고, 너무 방대해서 처음부터 끝까지 읽을 수 있을 가능성이 희박하다. 성경에 나오는 말투와 인용법을 채용하고 있지만, 비유 대신에 명확한 논리와 엄격한 대비로 독자들의 마음을 바꾸려 하고 문장이 아름답다."

"내 인생의 탐나는 영혼의 책 50" (원제 Tom Butler Bowden, 50 Spiritual Classics 오강남 역)은 기적수업에 대해 이렇게 소개하고 있습니다. 그밖에도 독서광으로 알려진 오프라 윈프리는 자신의 쇼에서 네 번이나 〈기적수업〉을 소개했고, 〈의식혁명〉의 저자 데이비드 호킨슨 박사, 〈지금 이 순간을 살아라〉의 에크하르트 툴레, 〈태도 치유 센터〉의 신경정신과 박사 제럴드 잼폴스키, 〈사랑의 기적〉의 저자 마리안느 윌리암슨 등 수많은 작가와 영성 지도자들이 기적수업을 언급하고 자신의 저서에 직접 소개하고 있습니다.

기적수업은 콜롬비아 의과대학 임상 심리학과 교수였던 헬렌 슈크만이 내면에서 들려오는 음성을 받아 적은 책으로 심리학과 영성을 접목한 최고의 서적이라는 평가를 받고 있습니다. 기적수업은 1973년 미국에서 처음 출간된 이후 현재 26개국 언어로 번

역 출간되었고 한국어 공식 번역본 〈기적수업 합본〉은 2014년 출간되었습니다.

〈기적수업 묵상집〉은 〈7가지 행복 명상법〉의 저자 로저 윌시와 프란시스 본이 기적수업을 공부하며 특히 깊은 울림을 주는 문구들을 따로 모은 세권의 모음집 〈영혼의 선물〉〈평화의 선물〉〈치유의 선물〉를 한권으로 출간한 것입니다. 기적수업 합본을 이미 접한 독자에게는 원전을 주제별로 다시금 깊이 그 의미를 되새기는 기회를 제공하고 기적수업 원전을 접해본 적이 없는 독자에게는 기적수업 원전의 깊이를 일별할 수 있는 아름다운 서곡이 되어 기적수업 합본이라는 교향곡 전체를 감상하고 싶다는 마음을 자연스레 불러일으킬 것입니다.

〈기적수업 묵상집〉은 천천히 그 의미를 반추하면서 읽어나가기를 권합니다. 문구를 읽으면서 구절에 담긴 뜻과 느낌을 헤아리다 보면, 힘든 시기에는 치유와 위로의 원천이 될 것이고, 평온하고 고요한 시기에는 기쁨과 즐거움의 원천이 될 것입니다. 때로는 구체적인 문제를 떠 올리며 아무 쪽이나 펼쳐도 지금 자신에게 꼭 필요한 도움을 책 속에서 발견할 수도 있습니다.

〈기적수업 묵상집〉은 그 자체로도 여러 가지 도움을 줄 수 있지만 기적수업을 깊이 이해하기 위해서는 당연히 원전인 기적수업 합본을 공부할 필요가 있습니다. 원전의 그 놀랄만한 풍요로움과 심오함, 그리고 총괄적 사고체계는 도저히 간단한 발췌로 대신할 수 없는 것입니다.

관념들이 상호 보완적인 그물망 안에서 서로 상부상조하고 연결되면서 하나의 교향악적인 전체를 창출하고 있기에, 아무리 아름답고 간단명료한 문장을 발췌한다 하더라도 다만 부분적이고 선별적 시각 이상을 표현할 수는 없습니다. 〈기적수업 묵상집〉을 통해 기적수업 합본을 읽겠다는 용의를 북돋울 수 있다면 이 책은 그 본래의 목적을 달성한 것입니다.

독자 중에는 수업이 사용하는 기독교 용어에 거부감을 느끼는 사람도 있을 수 있습니다. 하지만 보편적인 진리를 담는 그릇에 불과한 용어에 걸리지 않는 열린 마음으로 읽는다면 마음의 평화에 큰 획을 그을 수 있는 도움을 받을 수 있을 것입니다.

모든 종교는 만물이 서로 분리되었다고 보는 것은 허상에 불과하며, 우리가 우리의 근원과 하나임을 깨우칠 때 모든 것이 가능해진다고 가르치는데 기적수업이 우리에게 주려는 교훈 또한 정확히 그 점과 일치합니다.

감사합니다.

1부

영혼의 선물

1

빛의 길

깨달음은
인식일 뿐
전혀 어떤 변화가 아니다

〈기적수업〉은 우리에게 깨어남의 길을 제공한다. 여느 영성의 길과 마찬가지로, 수업은 우리의 통상적인 지각과 인식, 그리고 정체성에 왜곡의 먹구름이 드리워져 있다고 설명한다. 수업은 그러한 왜곡을 교정하는 수단을 제공하여, 우리 자신과 이 세상을 보다 명확하게 직시할 수 있도록 한다. 이러한 지각의 변화가 곧 수업이 말하는 "기적"의 진정한 의미다.

수업의 성격

이 수업이 주어진 것은
우리에게 빛의 길을 열어주고,
우리가 잃었다고 여겼던 그 영원한 자아로
어떻게 하면 돌아갈 수 있는지를
차근차근 가르쳐 주기 위함이다.

교육과정의 목표는 네가 택하는 교사와 관계없이
"너 자신을 알라."이다.

이것은 마음을 훈련하는 수업이다.

이 수업을 배우기 위해 필요한 것은
네가 쥐고 있는 모든 가치관에 대해 의문을 품겠다는 용의이다.

이 수업은
사랑의 의미를 가르치는 것을
목표로 하지 않는다.
사랑의 의미는

가르칠 수 있는 영역이 아니다.
이 수업의 목적은
너의 본래 유산인 사랑의 현존을 의식하지 못하게 가로막는
장벽을 치우는 것이다.

너의 목적은
너 자신을 발견하는 것이다.

기적

기적은 자연스럽다.
기적이 일어나지 않는다면
무언가 이미 잘못되었다.

기적은 다만 부인에서 진리로의 전환이다.

기적은 사랑의 표현으로, 자연스럽게 일어난다.
진정한 기적은 기적을 북돋우는 사랑이다.
이런 의미에서 사랑에서 나오는 모든 것이 기적이다.

한순간 멈춰 잠잠해진 마음으로
기적이 고요히 들어온다.

생명의 기적은 나이가 없으니,
시간 속에 태어나 영원 속에 자란다.

기적이 내게 돌아오도록,
오늘 나는 오직 기적만을 베푼다.

목적

네가 불확실해하는 그 어느 상황에서도
제일 먼저 고려할 것은, 아주 단순하게도,
"나는 여기서 무엇이 일어나기를 원하는가?
이것은 무엇을 위함인가?"이다.
시작할 때 목표를 명확히 해야 하는 까닭은
그것이 곧 결과를 결정하기 때문이다.

의심은 상충된 염원들의 결과다.
무엇을 원하는지 확실히 하라.
그러면 의심은 불가능해진다.

전적으로 열망한다면 어려울 것이 없다.

확실하고 통합된
단 하나의 목적을 가진 사람이라면
두려울 리 없다.
그의 목적을 공유하는 사람은
그와 하나 되지 않을 수 없다.

오늘 우리가 구하는 것은
바로 이 하나의 의도다.
우리의 열망을
모든 가슴마다의 필요와,
모든 마음마다의 간청과,
절망 너머에 놓여있는 희망과,
공격이 숨기려는 사랑과,
미움이 단절하려 들었지만
여전히 하나님이 창조하신 그대로인 형제애와
하나로 결합하는 이 하나의 의도다.

하나님의 평화가 나의 유일한 목표요,
내 집이 아닌 여기에 머무는 동안 내 삶의 유일한 목적이며,
내가 추구하는 목표요,
목적이자 역할이며 삶이다.

선택

네게 일어나는 일 앞에서
더 이상 자신을 무력하다고 속이지 말라.
다만 네가 잘못 알았다는 점만 인정하라.
그러면 네 잘못의 모든 결과는 사라지리라.

네가 자신을 그 무엇도 사랑할 수 없는 사람으로 본다면,
너는 행복하지 않을 것이다.
너는 자신을 정죄했고,
따라서 자신을 부족한 존재로 여길 수밖에 없기 때문이다.

시련이란
미처 배우지 못한 교훈이 다시 한 번 주어지는 것일 뿐,
그리하여 이전에 그릇된 선택을 내렸던 자리에서
더 나은 선택을 내릴 수 있고,
이전의 선택이 가져다 준 모든 고통에서 벗어날 수 있는 것이다.

진리와 손잡을 것인가
허상과 손잡을 것인가의 선택은

여전히 너에게 달려 있다.
하지만 기억하라.
하나를 선택하는 것은 하나를 보내는 것임을.

고통은 허상이요, 기쁨은 실재다.
고통은 다만 잠일 뿐이며
기쁨은 깨어있음이다.
고통은 속임수이며
기쁨만이 진실이다.
그러므로 우리는 다시 한 번,
그야말로 이루어질 수 있는 단 하나의 선택을 내린다.
허상과 진리 중에서,
고통과 기쁨 중에서,
지옥과 천국 중에서.

나는 내가 보는 것에 대해 책임이 있다.
나는 내가 경험하는 감정을 선택하며,
내가 성취하려는 목표를 결정한다.
또한 내게 일어나는 듯이 보이는 것은
내가 청한 것이며, 청한 대로 받은 것이다.

진리와 실재

진리는 오직 경험될 뿐,
묘사될 수도, 설명될 수도 없다.

진리는 파괴할 수 있는 너의 능력 밖에 있지만,
받아들일 수 있는 너의 능력 안에 오롯이 있다.

너의 바깥에서 진리를 찾으려 애쓰지 말라.
진리는 오직 네 안에만 있을 수 있다.

진리는 오직 현재에 있고,
현재에서 진리를 구한다면 진리를 찾을 것이다.

진리가 아닌 다른 무엇을 열망하여
진리를 잃어버렸듯이,
진리를 열망함으로써
진리를 회복하게 된다.

사실이 어찌 두려울 수 있겠는가?

네가 진리보다 더 애지중지하는 것과 어긋나지 않다면.

진리를 추구한다는 것은
진리를 가로막는 모든 것을
정직하게 찾아내는 일에 지나지 않는다.
진리는 다만 존재한다.
진리는 상실될 수도, 추구될 수도, 발견될 수도 없다.
진리는 네가 어디에 있든, 네 안에 있다.
하지만 진리는 인식되거나 인식되지 않을 수 있다.

너는 진리로부터 안전할 수 없고
오직 진리 안에서만 안전할 수 있다.
실재가 유일한 안전이다

진리는 다만 있는 그대로 존재함으로써
있는 그대로가 아닌 모든 것에서 너를 해방한다.

실재는 오직 진실만을 지지하기에
실재는 그 무엇도 위협하지 않는다.
허상만이 실재를 위협으로 느낀다.

실재는 위협받을 수 없고,
비실재는 존재하지 않는다.
여기에 하나님의 평화가 있다.

상황을 온전히 진리에 바쳤을 때,
평화는 필연적이다.

나는 진리 외에 아무것도 필요하지 않다.

2

마음

마음에는
한계가 없으므로
배움에도 한계가 없다

모든 경험의 근원은 마음이다. 수업에 따르면, 우리 마음의 진정한 본성은 무한하고 모든 것을 초월한 인식이자, 창조적 권능이다. 하지만 마음의 활동을 이끄는 우리의 생각과 믿음이 잘못되었기에, 마음의 활동을 왜곡하고 제한하며 조각내는 것처럼 보인다. 그러므로 지각을 교정하고 마음의 완전한 잠재력을 회복하려면 우리의 생각과 믿음을 바꿔야한다.

마음

각 마음은 모든 마음을 담고 있으니,
마음은 하나이기 때문이다.

네가 마음에 무엇을 받아들이든
그것은 너에게 실재성을 갖는다.
너의 받아들임이
그것을 너에게 실재가 되게 한다.

너의 마음을 해방하라.
그리하면 해방된 세상을 보게 되리라.

만약 마음이 사랑 없이 지각한다면
마음은 빈 껍질만 지각하고,
내면의 영을 의식하지 못하는 것이다.

마음은 서로 결합되어 있지만
몸은 그렇지 않다.
오직 몸의 특성을 마음에 부여할 때만

분리가 가능해 보인다.
그러므로 조각나고 은밀하고
홀로인 듯 보이는 것은 마음이다.

육체는 마음의 영원한 특성인
보편적인 소통에 부과된 한계이다.
그러나 소통은 내면적이다.
마음은 스스로에게 다가간다.
마음은 밖으로 나가지 않는다.
마음 안에는 한계가 없고,
마음 바깥에는 아무것도 없다.
마음은 모든 것을 에워싼다.
마음은 너를 완전히 에워싼다.
너는 마음 안에 있고 마음은 네 안에 있다.

우리가 공유하는 마음은
모든 형제들도 공유하며,
우리가 진실로 그들을 볼 때
그들은 치유된다.

마음들은 진리에서만 결합할 수 있다.
꿈속에서는 그 어떤 마음도 같은 의도를 공유할 수 없다.

깨어난 마음은 자신의 근원과,

자신의 자아와,
자신의 거룩함을 아는 마음이다.

성령을 섬기는 마음은
모든 방면으로,
시공의 법칙을 넘어,
어떤 선입견에도 얽매이지 않으며,
요구되는 무엇이든 할 수 있는 힘과 능력을 지니고,
영원히 무한하다.

나는 나의 마음을 다스리며, 나만이 다스려야 한다.
내게는 다스려야 할 왕국이 있다.
때로는 내가 결코 그 나라의 왕이 아닌 듯이 보인다.
왕국이 나를 이겨,
무엇을 생각하고, 무엇을 해야 하며,
무엇을 느껴야 하는지 내게 명령하는 듯이 보인다.
그럼에도 그것은
내가 거기서 지각하는 목적에 봉사하도록 내게 주어졌다.
나의 마음은 오직 봉사할 뿐이다.
나는 오늘 성령께 마음을 드려
성령이 보기에 합당한 곳에 쓰이게 한다.
나는 나만이 다스릴 수 있는 나의 마음을 지도한다.
그리하여 하나님의 뜻을 행하도록 나의 마음을 해방한다.

믿음

너의 마음 상태와,
마음에서 무엇을 인식할지는
마음에 대한 너의 믿음이 정한다.
그 믿음이 무엇이든
그것이 너의 마음에 무엇을 받아들일지 결정하는 전제다.

무언가를 믿는다면
너는 이미 그것을 네게 진실이 되게 하였다.

믿음은 중립적이 아니다.
믿음은 너의 결정을 지시하는 힘을 지녔으니,
결정은 너의 모든 믿음을 기반으로 내린 결론이기 때문이다.

네가 이해하지 못한다는 사실을 인정하는 것이
너의 잘못된 관념을 해제하는 필수 조건이다.

진리가 내 마음의 모든 오류를 교정할 것이다.

생각

'헛된 생각'보다 자기모순적인 개념은 없다.
온 세상의 지각을 불러일으키는 것을
헛되다고 말할 수는 없으리라.
너의 생각은 진리에 기여하거나
허상에 기여한다.
너의 생각은 진리를 확장하거나
허상을 증대한다.

네가 가진 생각 하나하나는
네가 보는 세상의 어느 일면을 구성한다.
그러므로 세상을 달리 지각하려면,
너의 생각에 작업을 해야 한다.

너의 생각만이 너의 진전을 방해할 수 있다.

무엇을 생각할지 선택하는 너의 능력은
그 힘의 일부다.
네게 그럴 능력이 없다고 믿는다면

너는 네 생각이 지닌 힘을 부인하였고
따라서 마음을 무력하다고 믿은 것이다.

너는 행동에 대해서는 책임이 있지만
생각에 대해서는 책임이 없다고 믿을지도 모른다.
진실은 너는 네가 생각하는 것에 대해
책임이 있다는 것이다.
왜냐하면 생각의 수준에서만
선택을 행사할 수 있기 때문이다.
행동은 생각에서 비롯된다.

나는 오직 내 생각의 영향만을 받는다.

지각

잘못된 지각은 두려움을 낳고
참된 지각은 사랑을 키운다.

너는 네가 지각하는 것에 반응하고
지각하는 대로 행동한다.

네가 지각하는 모든 것은
네가 진리이기를 바라는 사고체계를 보여준다.

너는 사람들 안에서 지각하는 것을
네 안에서 강화한다.

지각은 선택이지 사실이 아니다.
그러나 네가 여태까지 알아차린 것보다
훨씬 더 많은 것이 이 선택에 달려있다.
네가 무엇인지에 대한 너의 믿음 전체가
네가 듣기로 선택한 음성과
네가 보기로 선택한 광경에 달려있기 때문이다.

지각하는 법을 배우는 것이 네게 절실히 필요하다.

무엇을 보려는가?
선택권은 너에게 있다.
그러나 너는 네 안에서 느끼는 것을 세상에서 보게 된다는
'본다는 것'의 법칙을 배우고
잊지 않도록 하라.
만약 미움이 너의 가슴에 자리를 잡는다면,
너는 죽음의 앙상한 손아귀에 무참하게 붙잡힌
두려운 세상을 지각할 것이다.
만약 네 안에서 하나님의 사랑을 느낀다면,
너는 자비와 사랑의 세상을 바라볼 것이다.

모든 것을 사랑과 감사와 열린 마음으로 보는 법을 배우기 시작하라.

너는 스스로 너의 지각에 부여한 한계를
전혀 모르고,
네가 볼 수도 있는 그 모든 사랑스러움도
알지 못한다.

지각은 마음이 보고 싶어 하는
그 어떤 그림도 만들어낼 수 있다.
이것을 기억하라.
너의 선택에 따라 천국이나 지옥이 주어진다.

지각은 거울일 뿐, 사실이 아니다.
내가 보는 것은
외부로 반영된 내 마음의 상태일 뿐이다.

3
꿈과 허상

자면서 꾸는 꿈과 깨어나서 꾸는 꿈은
형태만 다르다

자면서 꾸는 꿈은 잠들어 있는 동안에도 우리 마음은 우리 바깥에 실재하는 듯이 보이는 세상을 창조할 능력을 가졌음을 보여준다. 꿈속의 등장인물과 사물들은 모두 우리 마음이 만들어낸 것이며, 우리는 그것들이 실재라고 착각했을 뿐이다. 우리는 오직 깨어난 후에야 꿈속에서 일어난 사건들이 결코 일어난 적이 없음을 알아차린다.

다른 위대한 종교의 교리와 마찬가지로, 〈기적수업〉도 우리가 흔히 "현실"이라고 부르는 것도 꿈이라고, 우리가 아직 잠에서 깨어나지 못해 꿈인 줄 인식하지 못하는 꿈이라고 말한다. 수업의 목표는 우리의 꿈들과 허상들을 인식하게 해주고, 그것들로부터 깨어나도록 도와주는 것이다.

꿈

꿈은 세상을 네가 바라는 대로 만드는 힘이
너에게 있고,
네가 그 세상을 원하기에
그 세상을 본다는 것을 보여준다.
세상을 보는 동안 너는
세상이 실재임을 의심하지 않는다.
여기 바깥에 있는 듯 보이지만
분명 너의 마음 안에 있는 세상이 있다.

깨어서 보는듯한 세상은
꿈속에서 본 세상과 형태만 다르다.
너의 모든 시간은 꿈에 허비된다.
자면서 꾸는 꿈과 깨어서 꾸는 꿈은
형태만 다를 뿐이다.

꿈속에서는 원인과 결과가 뒤바뀐다.
꿈을 만든 이는 자신이 만든 꿈을
자신에게 닥친 현실로 믿는다.

기적은 네가 꿈을 꾸고 있고,
꿈의 내용이 진실이 아님을 확인시켜준다.
이는 허상을 다루는 결정적인 단계다.
자신이 허상을 만들었음을 지각하면
허상을 두려워하지 않게 된다.
그는 자신이 꿈의 저자이지
꿈의 등장물이 아니라는 점을 보지 못했기에
두려움에 사로잡혔던 것이다.

꿈이 사라지기 전 첫 변화는
두려움의 꿈이 행복한 꿈으로 바뀌는 것이다.

용서의 꿈은
꿈에 등장하는 모든 이에게 친절하다.
그리하여 용서의 꿈은
꿈꾸는 자를 두려움의 꿈에서 완전하게 해방한다.

잊지 말라,
너의 의지가 지닌 힘을.
너의 의지는 모든 환상과 꿈을 지배하는 힘이 있다.
너의 의지를 신뢰하라.
너의 의지는 너를 끝까지 보살펴,
모든 환상과 꿈 너머로 너를 데려간다.

어떤 꿈은 마음에 들어 하고,
어떤 꿈은 수치스럽고 비밀스럽게 여기지 말라.
꿈들은 모두 하나다.
하나이기에 그 모두에 대해
이 한 가지를 물어야 한다.
"과연 이것이 천국과 하나님의 평화 대신 가질 만한 것인가?"
이것이 바로 네가 내려야할 선택이다.
그렇지 않다고 속지 말라.
여기에는 타협이 있을 수 없다.
너는 하나님의 평화를 택하거나,
아니면 꿈을 청한 것이다.

하나님의 평화를 원한다고 진심으로 말하는 것은
모든 꿈을 버린다는 의미다.
허상을 원하고,
그리하여 허상을 가져오는 수단을 구하는 자는
아무도 이를 진심으로 말하지 않는다.
그는 허상을 보았고,
허상의 부족함을 알았다.
이제 그는 꿈 너머로 나아가는 길을 구한다.
또다른 꿈이 주는 것도 나머지 모든 꿈이 주는 것과
다를 바 없다는 사실을 인식한 것이다.

꿈의 종말은 두려움의 종말이다.

이제 나는 진리만이 내게 필요하다는 것을 안다.
여기서 모든 필요는 충족되고
모든 욕망은 끝나며,
모든 희망은 마침내 성취되고
꿈은 사라진다.

허상

환상은,
사랑의 환상이든 증오의 환상이든,
네게서 지식을 앗아가니,
환상은 진리를 가리는 장막이기 때문이다.
그토록 어둡고 무거워 보이는
장막을 거둬내기 위해 필요한 것은
다만 모든 환상 너머에 있는 진리에 가치를 두고,
진리가 아닌 허상에 안주하기를 전적으로 마다하는 것이다.

모든 허상은
무거운 외투의 어두운 주름 속에 자신의 무를 숨긴 채
아픔과 괴로움을 가져온다.

허상에서 벗어나는 유일한 길은
허상을 실재라고 믿지 않는 것이다.

허상을 실재로 만들고 싶은 염원이

곧 유혹이 아니겠는가?
진리에 맞서
단 하나의 허상이라도 지키고 간직한다면,
너는 모든 진리를 의미 없게 만들고
모든 허상을 실재가 되게 한 것이다.
믿음의 힘은 이와 같다.

진리는 허상과 싸우지 않는다.
허상도 진리와 싸우지 않는다.
허상은 허상과 싸울 뿐이다.

자신에 대한 허상을 보존하지 않으면서
다른 사람에 대한 허상을 보존할 수는 없다.

허상이 없다면
두려움도, 의심도, 공격도 있을 수 없다.

허상은
인식되면 사라질 수밖에 없다.

허상에 목적이 있다는 믿음이 허상의 아버지다.
허상이 필요한 것을 제공하고 결핍을 채워준다는 믿음.
허상은 목적이 없다고 지각되면
더 이상 보이지 않는다.

허상에서 구원되지 않고 무엇에서 구원된다는 말인가?

실재는 오직 완전한 평화만을 가져온다.
심란하다면,
그 이유는 언제나
실재를 내가 만든 허상으로 대체했기 때문이다.

4

세상과 시간

지금은
시간에서 유일하게
영원한 측면이다

수업은 설명하기를 세상과 시간이 마음의 산물이며, 우리가 꾸는 꿈의 일부라고 한다. 이 사실을 망각할 때 우리는 우리의 진정한 정체를 인지하지 못하고, 자신을 시간의 세상에 사는 몸에 국한된 존재로 본다. 하지만 우리에게는 세상과 시간을 넘어 영원하고 불변하는 것을 추구할 자유가 있다. 수업은 이 점을 강조한다. 영원하고 불변하는 것은 지금 이 순간과 앞으로의 모든 순간에 이미 현존하고 있음을.

세상

투사가 지각을 만든다.
네가 보는 세상은 네가 세상에 준 것일 뿐,
그 이상은 아니다.
그렇다고 그 이하인 것도 아니다.
그러므로 네게는 세상이 중요하다.
세상은 내면 상태가 외부로 드러난 그림으로,
너의 마음 상태를 보여준다.
사람은 생각하는 대로 지각한다.

세상은 다만 태고의 진리를 보여줄 뿐이다.
너는 정확히 네가 남에게 했다고 생각하는 것을
남이 너에게 한다고 믿을 것이다.

세상은 너에게 추구할 목표를 지시할 수 없다,
네가 그럴 힘을 주지 않는 한.

너를 가두는 듯한 세상은,
이를 애지중지하지만 않는다면

누구나 다 벗어날 수 있다.

너의 믿음이 아니라면
그 무엇이 세상을 묶어두겠는가?
너의 자아가 아니라면
그 무엇이 세상을 구원하겠는가?

세상은 더 이상 우리의 적이 아니다.
우리는 세상의 친구가 되기로 결정했다,

하나님의 아들이 치유되는 것이
이 세상의 유일한 목적임을 잊지 말라.

나는 내가 보는 세상의 희생자가 아니다.

시간

시간과 영원은 너의 마음에 있고,
시간을 오직 영원을 되찾는 수단으로 지각하지 않는 한
시간과 영원은 대립할 것이다.

지금은
이 세상이 베푸는 영원에 가장 가까운 근사치다.
과거도 미래도 없는 '지금'의 실재에서
영원의 이해가 시작된다.
오직 '지금'만이 여기 있다

현재를 사랑스럽게 보라.
현재는 오직 영원히 참된 것만을 간직한다.
모든 치유는 현재에 있다.

네가 그 누구든,
그의 과거든 너의 과거든,
전혀 과거를 판단의 기준으로 삼지 않고 보는 법을 배웠을 때
너는 지금 보는 것에서 배울 수 있으리라

거듭난다는 것은 과거를 놓아주고,
정죄 없이 현재를 바라보는 것이다.

현재는 시간이 있기 전에도 존재하고,
시간이 더 이상 있지 않을 때에도 존재한다.
현재 속에 영원한 모든 것이 있고,
그들은 하나다.

두려움은 현재에서 오지 않는다.
두려움은 존재하지 않는 과거와 미래에서 온다.

왜 천국을 기다리고만 있는가?
천국은 오늘 여기 있다.
시간은 천국이 과거나 미래에 있다는 커다란 허상이다.

바로 이 현재에서 세상은 해방된다.
네 태고의 두려움에서
과거를 걷어내고 미래를 놓아줄 때,
너는 탈출구를 찾아 세상에 건네준다.

지금이 아니라면 언제 진리를 인식할 수 있겠는가?
현재는 존재하는 유일한 시간이다.

과거는 사라졌고 미래는 상상일 뿐이다.

염려는 방어에 지나지 않는다.
현재에서 지각의 초점을 바꾸지 않으려는 저항일 뿐이다.

마음에서 과거가 끝나지 않는다면,
실재세상은 시야에서 달아나고 만다.
나는 사실 그 어디도 보지 않고,
존재하지 않는 것만 보기 때문이다.

5

잘못된 정체성

에고란
단지 관념일 뿐
사실이 아니다

수업은 우리가 꿈의 저자라는 우리의 진정한 정체를 망각하고, 그 자리에 잘못된 자아 개념 즉 에고를 두었다고 말한다. 에고는 자신이 몸 안에 갇혀 사는 이 세상의 피해자이고, 사람들과 우주와 하나님과도 분리되어 있다고 여긴다. 꿈에서 깨어난다는 것은 제한된 자아 개념의 허상적인 본질을 인식하고, 몸을 이 세상의 덧없는 쾌락을 잠시나마 움켜잡는 수단이나 진정한 자아를 가두는 감옥으로 여기지 않고 배움과 소통의 도구로 지각함을 의미한다.

육체

육체는 한계다.
육체 안에서 자유를 구하는 자는
찾을 수 없는 곳에서 자유를 구하고 있는 것이다.

몸의 한계를 받아들이는 것은
네가 보는 형제에게 같은 한계를 부여하는 것이다.
너는 너 자신을 보듯 형제를 보기마련이기 때문이다.

마음은 더 이상 자신을
육체 안에서, 육체에 단단히 묶여
육체의 존재로 보호받는다고 생각하지 않을 때
비로소 자유로워진다.

몸은 너의 목적을 성취하는 데 기여할 수 있을 뿐이다.
몸이 무엇처럼 보일지는
몸에 대한 너의 관점이 정한다.

유혹은,

그 어디서 일어나든,
온갖 형태로 이 하나의 교시教示를 주려 한다.
유혹은 하나님의 거룩한 아들을 설득하리라.
그는 죽어야만 하는 것으로 태어나,
그 유약함을 벗어날 수 없고,
그것이 느끼도록 지시하는 것에 묶여 있는
육신에 지나지 않는다고.

육체란
하나님의 아들이 자기 자아의 일부를
다른 부분과 분리하기 위해 세웠다고
상상하는 울타리다.

몸을 오직 소통 수단으로만 보지 않는다면
몸은 마음을 제한하고 너 자신을 다치게 한다.

병은 육체를 고통에 빠뜨리려고
육체에 퍼부은 분노다.

치유는 몸을 오직 소통의 도구로만 사용한 결과다.
용서는 몸을 있는 그대로,
즉 학습자를 전혀 바꾸지 않고
배움이 완성되면 내려놓게 되는 학습 도구로 지각되게 한다.

육체가 더 이상 너를 끌어당기지 않을 때,
육체를 무언가를 얻는 수단으로서 아무런 가치를 두지 않을 때,
소통에는 장애가 없고
너의 생각은 하나님의 생각처럼 자유로울 것이다.

몸을 초월한 자는 한계를 초월하였다.

나는 육체가 아니다. 나는 자유롭다.
나는 여전히 하나님이 창조하신 그대로이기 때문이다.

에고

에고는 문자 그대로
두려움에 찬 생각이다.

에고는 너의 믿음이다.
에고는 정체성 혼란이다.

네 마음의 이 조각은
너무 작은 부분이라서
네가 전체를 바르게 인식할 수만 있다면,
그것은 태양 앞의 가느다란 한 줄기 햇살 같고
푸른 바다에 일렁이는 어렴풋한 잔물결과 같다는 것을
즉시 알게 되리라.
놀라우리만큼 거만하게도,
이 가느다란 햇살은 자신을 태양이라 단정하고,
거의 보이지도 않는 이 잔물결은
자신을 바다라고 칭하며 환호한다.
이 작은 생각이,
티끌보다도 작은 이 허상이,

우주에 맞서 자신을 떼어내고는
얼마나 외롭고 두려울지 생각해보라.
울타리로 막아버린 이 작은 일면을
너로 받아들이지 말라.
태양과 바다도 너의 실재에 비하면 아무것도 아니다.

에고를 두려워 말라.
에고는 너의 마음에 달려 있다.
너는 에고를 실재라고 믿음으로써
에고를 만들었듯이
그 믿음을 철회함으로써
에고를 물리칠 수 있다.

에고가 너를 지배할 수 있는 유일한 이유는
네가 에고에게 충성하기 때문이다.

에고의 산만함이
너의 학습을 방해하는 것처럼 보일 수 있지만,
네가 그럴 힘을 주지 않는 한
에고는 너를 산만하게 할 수 없다.

너는 에고가 제 것으로 받아들인 모든 목적의
뚜렷한 특징을 알아차렸으리라.
네가 그 목표를 달성했을 때에도

그것은 너를 만족시키지 못했다는 것을.
그것이 바로 에고가 이 목표에서 저 목표로
끊임없이 이동해야 하는 이유이다.
그리하여 너는 에고가 여전히 무엇인가를 줄 수 있다는
희망을 계속 갖게 된다.

원망을 품는 것은
에고에게 마음의 지배권을 주는 것이다.

그 누구도 혼자서는 에고를 바르게 판단할 수 없다.
하지만 둘 이상이 진리를 찾아 나선다면
에고는 자신이 아무런 내용을 담고 있지 않다는 것을
더 이상 방어할 수 없다.

그러므로 우리의 합일은
네 안의 에고를 버리는 길이다.
우리 안에 있는 진실은 에고를 초월한다.

너는 에고가 없으면
모든 것이 혼동이라고 믿는다.
그러나 진실로 이르노니
에고가 없으면
모든 것이 사랑이리라.

에고가 제 아무리 큰소리로 부르는 듯 보이더라도
그 목소리를 떨쳐버릴 수만 있다면,
진정으로 원하는 것은 조금도 주지 않는
에고의 하찮은 선물을 받지 않겠다고 한다면,
구원이 무엇인지 말하지 않았던
열린 마음으로 귀 기울인다면,
너는 이윽고 힘에 있어 고요하고,
평온 속에 강하며,
완전한 확실함으로 메시지를 전하는
진리의 장엄한 음성을 듣게 되리라.

자아개념

네가 생각하는 너는
해제되어야 할 신념이다.

보호가 필요한 '자아'는
실재가 아니다.

너의 반응은
네가 자신이라 생각하는 것에 의해 결정되고,
네가 되고 싶은 것은
네가 자신이라 생각하는 그것이다.
그렇다면 네가 되고 싶은 것이
너의 모든 반응을 결정한다.

너 자신을 더 가치 있는 존재로 보기 위해 추구하는 모든 것은
너를 더욱 제한하고,
너의 가치를 네게 숨기고,
너의 자아를 진정으로 의식하도록 이끄는 문에
또 하나의 빗장을 더할 뿐이다.

자아개념이 진리 앞에 소리 없는 장벽이자
방패처럼 버티며,
진리를 네게 숨겨 보지 못하게 한다.
너는 오직 형상만을 보니,
너는 너의 시력을 침침하게 하고
너의 비전을 왜곡하여 그 무엇도 명확하게 볼 수 없게 만드는
장애물을 통해 보고 있기 때문이다.

세상에 대한 너의 개념은
바로 이 자아개념에 기반을 두고 있다.
그러므로 두 개념 중 하나라도 의심하게 된다면,
둘 다 사라진다.

나는 나에 대한 진리를 받아들여,
오늘 내 마음이 완전히 치유되게 하리라.

6

진정한 정체

나의 정체와 비길 만한
그 어떤 보물을
구하고 찾아 간직하겠는가?

에고/몸과의 동일시를 그만두는 것은 곧 깨어나 진정한 정체를 발견하는 것이라고 수업은 말한다. 우리의 진정한 정체는 언제나 그러했던 그대로의 상태 즉 순수한 영으로, 영원토록 불변하고 강하고 하나님과 하나이며, 우리가 인식하기만을 기다린다.

정체성

단 하나의 이 단순한 질문,
"나는 무엇인가?"로 귀결되지 않는 갈등은 없다.

너의 모든 결정은
네가 너라고 생각하는 것에서 나오며,
네가 스스로에게 부여한 가치를 보여준다.

너희와 너희가 함께 공유하는 거룩한 자아 사이에는
오직 허상이 버티고 있을 뿐이다.

부질없는 희망과 파손된 꿈을 지닌 채
스스로를 나약하다고 여기는 자여,
오직 죽기 위해 태어났고,
슬피 울며 고통당하기 위해 태어났다고 여기는 너는
이 말을 들으라.
하늘과 땅의 모든 권능이 너에게 주어졌다.

너는 너를 안전하게 한다고 생각하는 것과

자신을 동일시할 것이다.
그것이 무엇이든,
너는 그것이 너와 하나라고 믿을 것이다.
너의 안전은 진실에 있다.
거짓에 있지 않다.
사랑이 너의 안전이다.
두려움은 존재하지 않는다.
사랑과 동일시하라. 그러면 너는 안전하다.
사랑과 동일시하라. 그러면 너는 집에 있다.
사랑과 동일시하라. 그리하여 너 자신을 발견하라.

잊지 않게 하소서.
나는 아무것도 아니지만,
나 자신은 모든 것임을

나는 내가 추구하는 것으로 창조되었다.
나는 세상이 찾고 있는 목표다.

자아

너를 초월하는 것이
너를 두렵게 만들거나 너를 자애롭게 만들 수 없으니,
너를 초월하는 것은 없기 때문이다.

밖에서 구하지 말라.
밖에서 구함은 안에서 완전하지 않다는 것을 암시한다.

너의 바깥에는 아무것도 없다.
네가 궁극적으로 배워야 할 것은 그것이다.

너의 내면 깊은 곳에
완벽한 모든 것이 있다.
너를 통해 세상으로 빛을 발할 준비가 되어 있는 모든 것이.

네 안에 천국 전체가 있다.

너의 행위나 생각 혹은 염원이나 네가 만든 것이
너의 가치를 세우지 않는다.

빛과 기쁨과 평화가 네 안에 깃들어 있다.

"나는 하나님이 창조하신 그대로이다."
이 한 생각이
너와 세상을 구원하기에 충분하다.
네가 그것이 진실임을 믿는다면

나의 모든 형제들과 나의 자아와 하나인 나는
영원한 거룩과 평화 속에서 하나님과 하나임을 기억하게 하소서.

영

영靈은 영원히 은총의 상태에 있으며,
너의 실재는 오직 영이니,
너는 영원히 은총의 상태에 있다.

영은 자신의 자아 표현을 찾기 위한 수단으로
마음을 사용한다.
영에게 봉사하는 마음은
평화롭고, 기쁨으로 충만하다.
마음의 힘은 영에게서 오며,
마음은 즐거이 이곳에서의 역할을 다한다.
그러나 마음은 자신을 영과 분리되어 있다고 보고,
자신으로 혼동하는 육체 안에 있다고 지각할 수도 있다.
그러면 마음은 역할이 없어
평화를 얻지 못하고,
행복은 낯설어진다.

마음은 허상에 사로잡힐 수 있어도
영은 영원토록 자유롭다.

7

여정의 장애물

두려움은 정죄하고
사랑은 용서한다

허상의 속박에서 벗어나 우리의 진정한 정체를 인식하려면 깨어남을 가로막는 장애물을 극복해야 한다. 분노와 공격, 방어와 죄책, 두려움과 판단 등이 이들 장애물이다. 우리는 자신이 불충분하고, 상처받는 하찮은 존재라는 잘못된 믿음을 갖고 있어서 이러한 장애물을 만든다고 수업은 설명한다. 이 믿음을 내려놓으려면 이들 장애물과 믿음을 맑은 의식으로 기꺼이 관찰할 용의를 내야 한다. 이를 통해 우리는 그것들의 본질이 허상임을 인식하고 비로소 우리의 본래 상태인 기쁨을 경험할 수 있다.

고통

고통은
진리의 자리에
허상이 군림하고 있다는 신호다.

고통은 그릇된 시각이다.
어떤 형태로든 고통을 경험한다면,
그것은 자기기만의 증거이다.
고통은 전혀 사실이 아니다.
바른 관점에서 보면 사라지지 않을 고통의 형태란 없다.

네가 힘을 주지 않는 한
그 무엇도 너를 다치게 할 수 없다.

고통은
너 자신을 오해했다는 표시일 뿐이다.

너는 보지 못하느냐?
자신이 무력하다는 괴상한 믿음에서

너의 모든 고통이 비롯된다는 것을.

너의 바깥에서 찾지 말라.
너의 모든 고통은 네가 원하는 것을
네가 고집하는 장소에서 헛되이 찾는 것에서 비롯된다.

세상을 둘러보고,
괴로움이 있음을 보라.
너의 가슴은 지친 형제들에게
기꺼이 안식을 가져다주지 않으려는가?
그들은 네가 풀려나기를 기다려야만 한다.
그들은 네가 자유롭게 될 때까지 사슬에 묶여 있다.

고통은 네가 자유로워지지 않으려고
기꺼이 지불해 온 배상금이다.

오직 너의 생각만이
너에게 고통을 일으킨다.
너의 마음 바깥에 있는 그 무엇도
어떤 식으로든 네게 상처를 준다거나
너를 다치게 할 수 없다.
너를 초월해서
네게 핍박의 손을 뻗칠 수 있는 원인은 없다.
너 자신 말고는

아무도 너에게 영향을 줄 수 없다.
너를 병들게 하거나 슬프게 하는,
혹은 너를 약하게 하거나 무르게 하는 힘을 가진 것은 세상에 없다.
그러나 너야말로 네가 무엇인지 알아봄으로써
네가 보는 모든 것을 다스리는 힘을 갖는다.

나는 상처를 주는 모든 생각을 바꾸기로 선택할 수 있다.

죄책

사랑과 죄책은 공존할 수 없다.
하나를 받아들이는 것은
남은 하나를 부인하는 것이다.

죄책감을 느끼는 한
너의 에고가 지휘하고 있으니,
오직 에고만이 죄책감을 경험할 수 있기 때문이다.

죄책은 언제나 갈라놓는다.

죄책은 공격의 결과다.

죄책에 근거가 있다고 생각하는 한,
죄책은 결코 끝나지 않는다.
죄책은 언제나 제정신이 아니며,
따라서 전혀 근거가 없다는 것을 너는 배워야만 하기 때문이다.

네가 원하는 '죄책에서의 해방'을 형제에게 베풀라.

내면에서 사랑의 빛을 보는 다른 길은 없다

죄책은 벌을 청하고, 그 요청은 승인된다.
진리에서가 아니라 죄에 기반을 둔 그림자와 허상의 세상에서.

죄 없는 마음은 괴로울 리 없다.

구원은 죄책에서 해방되는 것이다.

나의 정죄만이 내게 상처를 준다.
나의 용서만이 나를 해방한다.

두려움

두려움은 형태가 무엇이든 정당하지 않다.

"두려울 것은 아무것도 없다."
이는 단지 사실을 말할 뿐이다.
허상을 믿는 자에게는 이것이 사실이 아니겠지만,
허상은 사실이 아니다.
진실로 두려울 것은 아무것도 없다.

두려움은 실재에 있는 것이 아니라
실재를 이해하지 못하는
어린아이의 마음에 있다.

오직 너의 마음만이 두려움을 일으킬 수 있다.

두려움을 지배하려는 시도는 소용없다.
사실 그런 시도는 두려움을 지배해야 한다고 가정함으로써
두려움에 힘이 있다고 주장하는 것이다.
진정한 해결은

전적으로 사랑을 통한 지배에 있다.

두려움을 인식하고
숨김없이 대면하는 것이
에고를 해제하는 결정적인 단계다.

두려움 자체는 도와달라는 호소다.
두려움을 인식한다는 의미는 바로 그것이다.

두려움과 공격은 떨어질 수 없는 관계다.
공격만이 두려움을 낳는다면,
그리고 공격을 있는 그대로 도와달라는 요청으로 본다면,
두려움이 실재가 아니라는 사실이 분명해진다.
두려움이란 사랑을 청하는 것이다.

보라, 무엇이 두려운지
오직 예상만이 너를 두렵게 할 것이다.

너의 정신 나간 신념 체계를 세운 두려움의 초석들 아래
진리가 숨겨져 있다.

마음은 불안하지 않다면 전적으로 친절하다.

얼마나 속았던가!

내가 두려워하는 것이
세상에 있다고 생각하였으니,
내 마음에 있는 것을.

분노와 공격

사랑의 생각은 모두 참이다.
그 외에는 형태가 무엇이든
치유와 도움을 청하는 호소다.
도와달라는 형제의 호소에
분노로 반응하는 것이 정당할 수 있겠는가?
돕겠다는 용의만이 적절한 반응이니,
형제가 청하는 것은 그것이며,
그것만을 청하기 때문이다.

죄책을 가치 있게 여기는 그만큼
공격이 정당한 세상을 지각하고,
죄책을 무의미하다고 인식하는 그만큼,
공격이 정당할 수 없다고 지각한다.

모든 분노는
누군가에게 죄책감을 느끼게 만들려는 시도에 지나지 않는다,

공격하는 자는

자신이 축복받았음을 모른다.
그들은 빼앗겼다고 믿기에 공격한다.
그러므로 너의 풍요를 줘서 그들에게
그들의 풍요를 가르치라.
그들이 믿는 결핍의 허상을 공유하지 말라.
공유하면 너 자신도 결핍되어 있다고 지각할 것이다.

남의 오류를 공격하면
자신이 다친다.
형제를 공격하면
형제를 알 수 없다.

너는 네가 공격한 대상을 두려워할 것이다.

안전은 공격을 완전히 내려놓는 것에 있다.

너의 공격적인 생각은 투사되기에
너는 공격을 두려워할 것이다.
그리고 공격이 두렵다면,
너는 자신이 상처받을 수 있다고 믿고 있는 것이다.
그러므로 공격적인 생각은,
너의 마음에서 너를 상처받을 수 있게 만든다.

분노는 결코 정당하지 않다.

공격은 근거가 없다.
여기서 두려움에서의 탈출이 시작되고
여기서 완성된다.
여기서 공포의 꿈을 대체할 실재세상이 주어진다.
용서가 놓여 있고 다만 자연스러운 곳은 바로 이곳이기 때문이다.

판단

알기보다는 판단하기로 선택하는 것이
평화를 잃는 원인이다.

너는 모른다.
아무런 판단 없이 자신과 형제를 만나는 데서 오는
그 엄청난 해방과 깊은 평화를.

판단은
욕망이라는 불안정한 잣대로 실재를 조각들로 떼어놓기에
언제나 감금한다.

실재를 판단한다면
실재를 볼 수 없으니,
판단이 개입될 때마다
실재는 빠져나가기 때문이다.

사랑하는 자는 판단할 수 없고,
자신이 보는 것을 정죄하지도 않는다.

비교는 에고의 도구임에 틀림없다.
사랑은 비교하지 않는다.

특별함은 언제나 비교한다.
특별함은 상대에게서 본 부족으로 성립되며,
지각할 수 있는 모든 부족함을 찾아
시야에 명확하게 포착함으로써 유지된다.

이것을 배우라, 잘 배우라.
여기에서 인식할 수 없을 만큼 시간을 단축시켜
행복을 앞당기기 때문이다.
너는 결코 형제의 죄 때문에
그를 미워하는 것이 아니라,
오직 너 자신의 죄 때문에
그를 미워한다.

판단은 진리에 대항하는 무기다.
판단은 대상을 분리시켜
마치 별개의 것인 양 떼어놓은 다음,
그것이 무엇인지를 네가 원하는 대로 파악한다.
너는 이해하지 못하는 것을 판단하니,
판단하면 전체를 볼 수 없고
따라서 잘못 판단하기 때문이다.

지혜는 판단이 아니다.
지혜는 판단의 포기다.

자신을 용서하고
자신이 누구인지 기억한 사람은
만유를 축복하게 된다.

방어

무언가에 대해 방어할 필요성을 느낀다면
자신을 허상과 동일시한 것이다.

방어를 내려놓을 때 오는 것은 위험이 아니다.
그것은 안전이다. 그것은 평화다.
그것은 기쁨이다. 그리고 하나님이다.

가슴을 두드리는 공포를 느끼지 않고서야
갑옷을 두르고 세상을 걸어 다닐 자는 없다.

방어가 무섭게 한다. 방어는 두려움에서 비롯되며, 방어할 때마다 두려움은 더욱 커진다. 너는 방어가 안전을 제공한다고 생각하지만 방어는 실재화된 두려움과 정당화된 공포를 증언한다.

방어란
미친 허상을 지키려는 어리석은 수호자일 뿐이다.

방어를 내려놓는 것,

진리가 우리 마음에 확실하게 떠오르는 데 필요한 전부이다.

모든 방어를 내려놓고
오직 너의 현재 신뢰로만 미래를 이끈다면,
삶은 진리와 의미 있는 만남이 될 것이다.

너의 방어는 효력이 없지만
그렇다고 네가 위험에 처하지는 않는다.
너는 방어가 필요 없다.
이것을 인식하라. 그러면 방어는 사라진다

나의 안전은 방어하지 않음에 놓여있다.

8

치유의 관계

치유는
두려움을
사랑으로 대체한다

인간관계는 학습과 치유와 깨어남을 성취하는 기회를 제공한다. 수업은 치유를 "전체로 만드는 것"이라고 정의하며, 두려움과 결핍에 기반을 둔 관계가 거룩한 관계로 변화되는, 사랑과 전체의 인식을 가로 막는 장애물이 제거되는, 다양한 방법을 제공한다. 수업은 특히 관계를 통해 우리 자신과 다른 이들을 용서하는 것이 죄책과 원한이라는 과거의 짐을 과거를 함께 내려놓고 현재로 깨어나는 수단임을 강조한다. 현재에서 우리는 진정한 소통을 확립하고, 사랑을 경험하며, 서로의 내면에서 우리의 진정한 자아를 인식할 수 있다.

용서의 실천

용서해달라고 청하지 말라.
용서는 이미 이루어졌다.
그보다는 용서하는 법을 가르쳐 달라고 청하라.

세상을 용서하라.
그러면 너는 하나님이 창조하신 것에는
끝이 있을 수 없고,
하나님이 창조하시지 않은 것은
실재가 아니라는 것을 이해하리라.

네가 원하는 그 무엇인들
용서가 줄 수 없겠는가?
평화를 원하는가?
용서가 그것을 준다.
행복과, 고요한 마음, 목적의 확실함,
그리고 세상을 초월하는 가치와 아름다운 느낌을 원하는가?
보살핌과 안전함,
그리고 늘 확고하게 보호하는 따뜻함을 원하는가?

흔들릴 수 없는 고요함, 결코 상처받지 않는 부드러움,
깊고도 영속되는 위로, 그리고
너무도 완벽하여 결코 동요될 수 없는 안식을 원하는가?
용서는 이 모두를 준다.

평화를 원하는 너는
오직 완전한 용서를 통해서만 평화를 찾을 수 있다.

용서할 것이 아무것도 없음을 인식하는
그 완전한 용서 안에서
너는 완전히 사면된다.

실재세상은
다만 묵은 세상을 완전히 용서함으로써 얻게 된다.

과거를 용서하고 놓아주어라.
과거는 사라졌기 때문이다.

눈을 들어 형제를 바라보라,
완전히 용서 속에 탄생한 결백 속에서.

너는 네가 용서하지 않은 자들을 두려워한다.
그리고 두려움을 곁에 두고는
아무도 사랑에 이를 수 없다.

용서는 언제나 용서하는 사람에게 달려 있다.

용서는 너와 형제 사이를 가로막는
장벽을 제거한다.
용서는 형제와 떨어지지 않고
하나가 되겠다는 염원이다.

그 어떤 공격에도 용서가 그 답이다.
그리하여 공격은 그 결과를 상실하고,
증오는 사랑의 이름으로 응답된다.

네가 용서하는 자에게는
너의 허상을 용서할 권능이 주어진다.
네가 주는 자유의 선물로 네게 자유가 주어진다.

너는 줌으로써 받을 것이다.

주는 것과 받는 것은 같다.

너에 대한 허상과 세상에 대한 허상은 하나이다.
모든 용서가 자신에게 주는 선물인 이유가 거기에 있다.

이 세상은 참으로 용서가 필요하지만,
이는 이 세상이 허상의 세상이기 때문이다.

용서하는 자들은 자신을 허상에서 해방하는 반면,
용서하지 않는 자들은 자신을 허상에 묶는다.

용서하지 않으려는 자는 비판하기 마련이다.
그는 자신이 용서하지 못했다는 사실을 정당화해야하기 때문이다.
그러나 자신을 용서하려는 자는
진실을 정확히 있는 그대로 반기는 것을 배워야 한다.

용서는 행복에 이르는 열쇠이다.
여기에 네가 구하는 평화에 대한 답이 있다.
여기에 납득할 수 없는 듯한 세상에 의미를 주는 열쇠가 있다.
여기에 호시탐탐 너를 위협하는 것처럼 보이고,
침묵과 평화를 찾고자 하는
네 모든 희망을 불확실하게 만드는 듯한
명백한 위험 속에서 안전에 이르는 길이 있다.
모든 물음의 답이 여기에 있고,
여기서 모든 불확실성의 끝이 마침내 보장된다.

나는 모든 것에 용서가 있게 한다.
그리하여 내게 용서가 주어지기 때문이다.

교육과 학습

조용히 들으라.
그리하여 네가 진정 무엇을 원하는 지
그 진실을 배우라.
그 이상의 배움은 청하지 않는다.

고통을 통해 배울 필요는 없다.
부드러운 가르침은 즐겁게 습득되고,
기쁘게 기억되기 마련이다.
행복을 주는 것은 배우고 싶고
또 잊고 싶지 않을 것이다.

너의 배움에
세상의 안녕이 달려 있다.

사람은 누구나 가르치며
언제나 가르친다.
이것은 어떤 전제를 받아들이는 순간
떠맡을 수밖에 없는 책임이며,

사고체계 없이 삶을 영위할 수 있는 사람은 없다.
어떤 사고체계든 일단 개발하고 나면,
그 사고체계에 따라 살고
그 사고체계를 가르치게 된다.

문제는 가르칠 것인가 말 것인가가 아니다.
거기에는 선택의 여지가 없다.
이 수업의 목적은
배우고 싶은 것을 근거로
가르치고 싶은 것을 선택하는 수단을 제공하는 것이라고 할 수 있다.

이 수업은
가르치는 것이 곧 배우는 것이며,
따라서 교사와 학생은 같다고 강조한다.
또한 수업은 가르침이 지속적인 과정이라는 점도 강조한다.

가르치고 배우는 것이
이제 너의 가장 큰 강점이니,
이를 통해 너는 자신의 마음을 바꾸고
다른 사람의 마음도 바꾸도록 도울 수 있기 때문이다.

항상 명심하라
너는 네가 믿는 것을 가르치게 된다는 것을.
"너는 가르치는 대로 배울 것이다."

이는 참으로 진실이며, 이것이 진실이라면
네가 가르치는 것이 너를 가르친다는 사실을 잊지 말라.

너는 네가 가르치는 것을 네 안에서 강화하니,
너는 그것을 공유하기 때문이다.

너는 네 모든 형제들에게 빛을 전하기 전에는
그 빛을 보지 못할 것이다.
그들이 네 손에서 빛을 건네받을 때,
너는 비로소 그 빛을 네 것으로 인식한다.

모든 상황은 네가 사람들에게
네가 무엇이고 그들이 무엇인지를 가르치는
기회가 되어야 한다.
그 이상은 아니지만, 결코 그 이하도 아니다.

그 누구에게도
그는 네가 되고 싶지 않은 존재라고 가르치지 말라.
너의 형제는 너의 형상을 비춰보는 거울이다.

너는 네가 가르치는 것을 배운다.
사랑만을 가르치라.
그리하여 사랑이 네 것이며
네가 곧 사랑임을 배우라.

사랑만을 가르치라.
사랑이 곧 너이기에.

형제를 인식하기

누구를 만나더라도
그것이 거룩한 만남임을 기억하라.
너는 그를 보듯 너 자신을 볼 것이다.
너는 그를 대하듯 너 자신을 대할 것이다.
너는 그라고 생각하는 것을 너 자신이라고 생각할 것이다.
이를 결코 잊지 말라.
너는 형제 안에서 너 자신을 찾거나
너 자신을 잃을 것이기 때문이다.

네가 모든 사람 안에 사는 것처럼
모든 사람이 네 안에 산다.

감사만이 형제에게 합당한 반응이다.
너는 형제에게 마땅히 감사해야 한다.
형제의 온유한 사랑의 생각 뿐 아니라
도와달라는 호소에도 감사가 합당하다.
바르게 지각한다면 둘 다 너에게 사랑을 인지할 수 있게 해준다.

만나는 모든 이를 형제로 인식하라.
오직 동등한 자들만이 평화를 누리기 때문이다.

마침내 형제를 너 자신으로 보았을 때
너는 해방되어 지식을 알게 된다.

네가 형제에게 평화가 있기만을 원할 때
너는 형제의 가치를 보게 되고,
형제를 위해 원하는 것을 너도 받는다.

진실로 너희는 함께 있고
너희 사이에는 아무것도 없다.

네가 형제를 볼 때마다
그리스도가 너희 앞에 있다.

형제의 실수를 꿈꾸며 머뭇거리지 말고,
형제의 온유를 꿈꾸어라.
형제가 준 상처를 세는 대신
형제가 베푼 사려 깊은 일을 꿈꾸기로 선택하라.
형제의 허상을 용서하고 형제가 준 도움에 감사하라.
형제가 너의 꿈속에서 완벽하지 않다고 해서
그가 주는 수많은 선물을 내치지 말라.

너는 형제의 꿈을 넘겨볼 수 있다.
그리하여 그의 허상을 완벽하게 용서할 수 있고,
그는 너를 너의 꿈에서 건져내는 구원자가 된다.

네가 할 일은
형제를 바꾸는 것이 아니라
형제를 다만 있는 그대로 받아들이는 것이다.

형제가 너의 공동 창조자임을 배우기 전에는
네가 하나님의 공동 창조자임을 결코 알지 못할 것이다.

나와 하나인 나의 형제에게 평화가 있으라.
온 세상이 우리를 통해 평화의 축복을 누리게 하자.

치유와 전일

모든 상황은 바르게만 지각하면
치유하는 기회가 된다.

치유의 본질은 두려움에서 해방되는 것이다.

치유란 과거에서 해방되는 것이다.

너는 형제의 가치를 인식하여 형제를 치유한다.

자신을 사랑하는 것이 곧 자신을 치유하는 것이다.

하나님은 홀로 기억될 수 없다.
너는 그 점을 잊었다.
그러므로 형제의 치유를
너의 치유로 지각하는 것이
곧 하나님을 기억하는 길이다.

단 한 순간이라도

네 안에서 빛나는 하나님의 반영이
온 세상에 가져올 치유의 권능을 깨달을 수 있다면,
너는 세상을 치유하는 거룩함의 형상을 받아들이기 위해
네 마음의 거울을 깨끗이 하는 일을 지체할 수 없으리라.

우리는 전일하게 만들기를 열망할 때
전일해진다.

너는 오직 치유되기만을 원할 때 치유할 수 있다.
너의 단일한 목표가
치유를 가능케 한다.
병이 분리된 마음에서 온다면,
치유는 결합한 마음의 결과다.

치유된 자는 치유의 도구가 된다.

용서하는 것이 곧 치유하는 것이다.

병은 진리에 맞선 방어다.
나는 나에 대한 진리를 받아들여,
오늘 내 마음이 완전히 치유되게 하리라.

나는 오직 진정으로 도움이 되기 위해 여기 있다.
나는 나를 보내신 이를 드러내기 위해 여기 있다.

나를 보내신 이가 나를 인도하시니
나는 무엇을 말하고 무엇을 행할지 염려할 필요가 없다.
나를 보내신 이가 나와 함께 가심을 알기에
나는 그가 원하는 어디든지 간다.
나는 그가 내게 치유를 가르치시도록 하여, 치유된다.

거룩한 관계

형제와 결합한 자는
에고가 자신의 정체라는 신념을 떨쳐내었다.
거룩한 관계란
네가 진실로 너의 부분인 것과 결합하는 관계다.

거룩하지 않은 관계는
자신이 갖지 못한 것을 상대는 가졌다고 생각하는 차이에 기반을 둔다.
거룩한 관계는 다른 전제에서 출발한다.
각자는 자신의 내면에서 아무것도 부족하지 않음을 보았다.
그는 자신이 완성된 존재임을 받아들이고
자신처럼 전일한 사람들과 결합하여
완성을 확장하려고 한다.
차이는 오직 육체의 속성이므로,
자아들 사이에서 어떤 차이도 보지 않는다.

너와 닮게 창조된 모든 이에게
영광을 돌리기 전에는

너 자신의 완벽함을 알 수 없다.

네가 기꺼이 아무것도 숨기려 하지 않을 때,
너는 기꺼이 영적으로 교감하려 할 뿐 아니라
평화와 기쁨을 이해하게 된다.

혼자서는 왕국을 발견할 수 없고,
왕국인 너는 혼자 자신을 발견할 수 없다.

우리 안에 함께 있는 하나님의 사랑이
들어 올리지 못하는 장막은 없다.

관계의 목표를 진리에 두는 자는
평화를 주는 자가 된 것이다.

관계가 평화를 얻는 수단이 되면
그 어떤 허상도 그 평화를 흔들 수 없다.

너의 관계에 세상의 빛이 있다.

우리는 혼자라면 아무것도 할 수 없지만,
함께라면 우리의 마음들은 융합되어
분리된 부분들의 힘을 훨씬 능가하는 권능을 갖게 된다.
우리의 마음은 분리되지 않음으로써

하나님의 마음이 우리 마음 안에서 우리의 마음으로 확립된다.
이 마음은 갈라지지 않았으므로 천하무적이다.

그대는 나와 함께 유일 자아요,
이 자아에서 우리의 창조주와 결합되어 있습니다.
나는 나의 정체 때문에,
그리고 그대와 나를 하나로서 사랑하시는 하나님의 정체 때문에
그대에게 영광을 돌립니다.

9

평화적 대안

평화는
사랑이 머무르며,
사랑의 나눔을 추구하는 상태다

마음은 오직 평화로운 상태에서만 허상에서 벗어나, 우리 내면 깊은 곳의 사랑과 기쁨과 하나님을 기억할 때 오는 자유를 누릴 수 있다. 우리는 이를 경험할 때 우리의 제정신과 구원과 자아를 회복한다.

귀향

두려움을 지나 사랑으로 가지 않으려는가?
이 여행은 그런 여행으로 보인다.

이것은 결코 변치 않는 목표를 향한,
거리가 없는 여행이다.

너는 여기에 사는 것이 아니라 영원에 산다.
너는 안전한 집에서
다만 꿈속을 여행하고 있다.

그러나 여행은 없으며
깨어남이 있을 뿐이다.

그 어디로도 이어지지 않는
길고도 무의미한 여행길을 홀로 걸어온 끝에,
너와 너의 형제는 함께 집으로 돌아오고 있다.
너는 형제를 발견하였고,
너희는 서로의 길을 밝혀줄 것이다.

나는 한순간 가만히 멈춰 집으로 돌아가리라.

자유

사람들의 마음으로 평화를 가져오려면
너 자신이 갈등에서 빠져 나와야하기에,
너 자신을 속히 두려움에서 해방하는 것이 필수적이다.

그 누구도 죄수로 붙들지 말라.
묶지 말고 풀어주어라.
그래야 네가 해방된다.

네게는 자유를 포기할 자유는 없다.
자유를 거부할 자유가 있을 뿐이다,

이 땅에 단 한 명의 '노예'라도 걷고 있는 한,
너의 해방은 완성되지 않았다.

오늘 자유로워라.
그리하여 아직도 자신을
육체 안에서 노예로 살고 있다고 믿는 이들에게
자유를 선물하라.

자유로워라.
그리하여 성령으로 하여금
속박에서 벗어난 너의 해방을 통해
자신을 무기력한 존재요,
두려움에 쌓인 속박된 존재로 여기는
수많은 사람들을 해방하게 하라.
사랑으로 하여금 너를 통해
그들의 두려움을 대신하게 하라.

나는 나의 일부인 그대를 성령께 드립니다.
나는 그대를 이용해서
나 자신을 가두기를 원하지 않는다면
그대가 해방됨을 압니다.
나는 내 자유의 이름으로
그대를 해방하기로 선택하니,
나는 우리가 함께 해방됨을 알기 때문입니다.

구원

구원의 과업은 관념을 바꾸는 것이다.

기뻐하라,
정녕 구원이 요구하는 것은
그다지 적고 대단치 않으니,
사실상 구원은 아무것도 청하지 않는다.
허상에서조차 구원은
용서가 두려움을 대신하기를 청할 뿐이다.

구원은 해제다.

구원이란 관념에서 해방되는 것에 지나지 않는다.

자신의 마음에서 허상이 걷히게 하는 자가
이 세상의 구원자다,

구원은 나의 유일 자아에서 온다.

사랑

사랑은 진정으로 사랑을 원하는 마음으로
즉시 찾아든다.
하지만 진정으로 원해야 한다.

너의 임무는 사랑을 찾는 것이 아니라
사랑을 막기 위해 네가 세운 모든 장벽을
내면에서 찾는 것뿐이다.

사랑은 반김을 기다린다.
때가 되기를 기다리지 않는다.

오직 사랑만을 원할 때
다른 것은 보지 않을 것이다.

사랑이 곧 나눔이라면
사랑을 통하지 않고 어떻게 사랑을 찾겠는가?
사랑을 주어라.
그리하면 사랑이 찾아오리니,

사랑은 자기 자신에게 끌리기 때문이다.
그러나 공격한다면
사랑은 계속 숨어 있을 것이니,
사랑은 평화 속에서만 살 수 있기 때문이다.

사랑의 본성은 진실만을 보는 것이니
거기서 사랑은 자기 자신을 보기 때문이다.

사랑이 네 안에 있기에
네게는 사랑의 확장 외에 다른 욕구는 없다.

혼자서는 사랑을 환영할 수 없다.

하나님이 형제 없이 너를 알 수 없으시듯
너도 혼자서는 하나님을 알 수 없다.
그러나 너희가 함께라면,
사랑이 너희 안에서
자기 자신을 인식하는 데 실패하거나 너희를 모를 리가 없듯이,
너희도 사랑을 모를 리 없다.

은총이란
미움과 두려움으로 가득 차 보이는 세상에서
하나님의 사랑을 받아들이는 것이다.

감사는 사랑과 손잡고 가기에,
하나가 있는 곳에는 남은 하나도 보이기 마련이다.

신뢰 없는 사랑은 있을 수 없으니
사랑은 어리석을 뿐인 모든 방어를 내려놓으라고 청할 것이기 때문이다.

너의 진정한 실재를 기억하도록 가르치는 수업이라면,
너의 실재와 사랑의 실재는 결코 다를 수 없음을 강조하지 않을 수 없다.

오늘 사랑의 의미를 어렴풋이나마 알 수 있다면,
너는 측량할 수 없으리만큼 해방에 다가갔고
셀 수 없을 만큼 시간을 앞당긴 것이다.

내면에서 하나님의 사랑을 본다면
모든 곳에서 그 사랑을 볼 것이니,
하나님의 사랑은 모든 곳에 있기 때문이다.

나를 창조한 사랑이 나의 실재다.

하나님께로 깨어남

하나님에 대한 기억은
오직 하나님을 기억하고,
실재를 지배하려는 정신 나간 욕망을 없애기로 선택한 마음에만
떠오를 수 있다.
자신조차 지배하지 못하는 네가
우주를 지배하겠다고 나설 수는 없으리라.

우리가 해야 할 일은
마음을 훈련시켜
의미 없고 하찮은 목표들에 눈길을 주지 않고
우리의 목표는 하나님이라는 것을
기억하는 것뿐이다.

하나님을 알아보는 것은
너 자신을 알아보는 것이다.

하나님은 내면에 머무시며
너의 완전한 행복을 뜻하신다.

하나님께 돌아가는 여행은
네가 항상 있는 곳과
영원한 너 자신을
다시 알게 되는 것에 지나지 않는다.

우리는 태고의 진리를 선언할 뿐이다.
허상이 세상을 차지한 것처럼 보이기 전에 알았던 진리를
우리는 세상이 모든 허상에서 벗어났음을
세상에 일깨우며 이렇게 말한다.
"하나님은 오직 사랑이시니, 나 또한 사랑이어라."

평화의 조건

평화를 건네는 자에게
평화는 불가피하다.

평화는 너의 내면 속성이다.
너는 바깥에서 평화를 찾을 수 없다.

진정으로 평화를 원한다면,
평화를 찾는 수단은
정직하게 평화를 추구하는 마음이
이해할 수 있는 형태로 주어진다.
간구가 신실하다면,
가르침은 오해할 수 없는 방식으로 고안된다.
그러나 간구가 신실하지 않다면,
그 어떤 형태로 주어지든
진정으로 수용되고 터득될 수 없다.

"나는 하나님의 평화를 원한다."
이것을 입술로만 말하는 것은 아무것도 아니다.

그러나 진심으로 뜻하는 것은 모든 것이다.

오직 평화만을 원한다고
진실로 말하는 마음은
다른 마음과 결합하기 마련이니,
그것이 평화를 얻는 길이기 때문이다.

평화를 갖는 유일한 길은
평화를 가르치는 것이다.

세상도 너만큼이나
평화가 필요하다고 생각하지 않는가?
평화를 받고 싶은 만큼
세상에 평화를 주고 싶지 않은가?
평화를 주지 않는다면 너는 평화를 받을 수 없기 때문이다.

평화의 확장을
너의 사명을 받아들였을 때
너는 평화를 찾을 것이니,
너는 평화를 드러냄으로써
평화를 볼 것이기 때문이다.

하나님의 평화를
세상에 전하기 위해

네가 왔음을 기억하라.

평화가 진리와 제정신의 조건이고,
그들 없이는 평화가 있을 수 없다면,
평화가 있는 곳에는 진리와 제정신도 있기 마련이다.

하나님에 대한 기억은 고요한 마음에 깃든다.
갈등이 있다면 하나님을 기억할 수 없다.
자신과 싸우는 마음은 영원한 온유를 기억하지 못한다.

묵상에 전념하는 마음에 빛이 들어올 때,
누구라도 마침내 목표를 달성했을 때,
빛은 언제나 단 하나의 행복한 깨달음과 함께 온다.
"나는 아무것도 할 필요가 없다."

평화를 방어할 수 있고,
평화를 위해 공격하는 것은
정당하다고 믿는 이들은
평화가 자신의 내면에 있음을 지각할 수 없다.

모두에게 평화를 건네는 자는
세상이 파괴할 수 없는 집을
천국에서 발견하였다.
그곳은 아주 넓어

그 평화 속에
세상을 담고도 남는다.

진실로 하나님의 평화를 구하는 자는
평화를 찾는 데 실패할 리가 없다.
그는 하나님의 뜻을 거부하지 않음으로써
더 이상 자신을 속이지 않기를 청하기 때문이다.
이미 가진 것을 청하는데 못 얻을 수 있겠는가?

하나님의 평화가
이제 네 안에서
그리고 살아 있는 모든 것 안에서 빛난다.
고요 속에서 만유가 이를 인정한다.

하나님의 평화가 지금 내 안에서 빛나고 있습니다.
그 평화에서 모든 것이 내게 빛나게 하시고,
내 안의 빛으로 모든 것을 축복하게 하소서.

빛과 기쁨

너는 세상의 빛이다.

빛은 네 안에 있다.
어둠이 빛을 가릴 수는 있지만
꺼뜨릴 수는 없다.

왜 천국을 기다리고만 있는가?
빛을 찾아다니는 자는
단지 자신의 눈을 가리고 있을 뿐이다.
빛은 지금 그들 안에 있다.
깨달음은 다만 인식일 뿐,
전혀 변화가 아니다.

사랑과 기쁨은 다르지 않다.

기쁨에는 대가가 없다.
기쁨은 너의 신성한 권리다.,

바로 오늘
모든 번뇌를 기쁨으로 바꿀 수 있다.
성실히 실천하라,
선물은 네 것이다.

용서는 세상의 빛인 나의 역할이다.

형제여, 하나님의 평화와 기쁨을
나의 것으로 간직할 수 있도록
나는 그대에게 평화와 기쁨을 드립니다.

10

새로운 시작

어느덧
모든 형상이 사라지는 때가 올 것이다.
그때 너는 네가 무엇인지 모른다는 것을
알게 되리라.
이 밀봉되지 않은 열린 마음으로
진리는 방해 없이 아무런 얽매임 없이 돌아온다.
진리는 자아개념이 치워진 자리에
정확히 있는 그대로 드러난다.

잠시 가만히 있어
우리가 배워왔던 모든 것들,
우리가 가졌던 모든 생각들,
사물의 의미와 목적에 대해 우리가 지녔던 모든 선입견을
잊기로 하자.
세상의 목적에 대해 우리가 지녀온 관념을

기억하지 말기로 하자.
우리는 모르는 것이다.
사람들에 대해 가졌던 모든 상像을 마음에서 떨쳐내어 쓸어내도록 하자.
판단에 물들지 말고,
어느 누구라도 좋거나 나쁘다고 생각했던
스쳐가는 모든 사념을 의식하지 말라.
이제 너는 그를 모르는 것이다.
그러나 너는 그에 대해 자유롭게 배울 수 있고, 새롭게 배울 수 있다.

다만 침묵하라.
고요한 침묵이
세상의 사고 위로 너를 들어 올리고,
너의 비전을 육안에서 해방한다.
다만 가만히 있어 귀 기울이라.

다만 이렇게 하라.
가만히 있어,
네가 무엇이고 하나님이 무엇인지에 대한 그 모든 생각들을 내려놓으라.
세상에 대해 배워온 모든 개념들,
너 자신에 대해 품고 있는 모든 상을 내려놓으라.
네 마음이 진실이나 거짓으로 생각한 모든 것들,
좋거나 나쁘다고 여겼던 모든 것들,

가치 있다고 판단한 모든 생각과
수치스럽다고 여기는 모든 사념들을
네 마음에서 비우라.
아무것도 붙잡지 말라.
과거가 가르쳐준 단 한 가지 생각도,
무엇에서 배웠건 예전에 배운 단 하나의 믿음도
남겨 놓지 말라.

이 세상을 잊으라.
이 수업을 잊으라.
그리하여 완전히 텅 빈 손으로
너의 하나님께 다가가라.

2부
평화의 선물

1
선택은 우리에게 있다

평화를 성실히 추구하고
진정으로 열망하며 간구한다면
평화는 오기 마련이다

〈기적수업〉은 우리의 선택과 열망이 우리의 경험, 행동, 관계, 정체성의 성격과 종류를 좌우한다고 가르친다. 우리는 매순간 사랑이나 증오를, 용서나 공격을, 실상이나 허상 중 하나를 택한다. 우리가 내리는 선택은 삶의 목적과 의미에 대한 우리의 지각을 좌우하며, 각 선택은 평화를 수용하거나 평화에 반대하겠다는 결정 중 하나이다.

평화의 수용

세상은 너를 통해 바뀔 것이다.
다른 방법은 없다.

세상도 너만큼이나
평화가 필요하다고 생각하지 않는가?
평화를 받고 싶은 만큼 너도 세상에 평화를 주고 싶지 않은가?
평화는 주는 것 외에는 받을 길이 없다.

"무엇을 원하는가?"
매분 매초 너는 여기에 답하고 있으며,
매 순간 내리는 결정은 곧 판단이다.
판단에는 반드시 결과가 따르고,
결과는 결정을 바꿀 때까지 자동적으로 지속된다.

네가 가진 것은 선택권이 전부다.
선택지는 정해져 있다.
실상과 허상 외에 다른 선택은 없다.
또한 실상과 허상은 공통점이 없고,

둘 중 하나만 참이기에
그 둘은 양립할 수 없다.
너는 죄가 없거나 죄가 있고,
자유롭거나 갇혀있으며,
행복하거나 불행하다.

생명과 죽음,
깨어남과 잠,
평화와 전쟁,
너의 실재와 너의 꿈,
이것 말고 무슨 선택이 있겠는가?

이 점을 기억하라. 네가 내린 결정은
네가 너라고 생각하는 것에서 나오며,
스스로에게 부여한 가치를 보여준다.

네가 미처 깨닫지 못하는 점은
선택할 때마다 그 선택이
너 자신에게 내린 너의 평가라는 것이다.

너의 반응은
네가 너라고 생각하는 것에 의해 결정되며,
네가 되고 싶은 것이 곧 네가 너라고 생각하는 것이다.
그러므로 네가 되고 싶은 것이 너의 모든 반응을 결정한다.

너는 먼저 너의 열망이 지닌 힘을 인식해야 한다.
그리고 그 힘의 약함이 아니라 강함을 받아들여야 한다.
너는 세상을 만들 만큼 강한 것은
세상을 내려놓을 힘도 있으며,
자신의 오류를 기꺼이 볼 용의가 있다면
교정도 수용할 수 있음을 알아야 한다.

네가 진정 무엇을 청하는지 주의 깊게 살펴보라.
이 점에 대해 자신에게 대단히 정직해야 하니,
우리는 서로에게 아무것도 숨기지 말아야 하기 때문이다.

이제 선택하라.
이 선택이
네가 보는 세상의 목적을 정한다.

우리는 다시 선택하며,
우리와 하나인 모든 형제를 위해 선택합니다.

오늘 나는 완전한 평화 속에 하루를 보내기로 선택한다.

결정권은 나에게 있다.

우리의 공통된 목적

"이것은 무엇을 위함인가?"
모든 것에
이렇게 질문하기를 배워야 한다.
목적이 무엇인가?
목적이 무엇이든
너는 자동적으로 그 목적에
노력을 기울일 것이다.
그렇다면 목적을 정할 때
앞으로의 노력을 결정한 것이며,
마음을 바꾸지 않는 한
그 결정은 지속된다.

목적은 마음에 속하며.
마음은 열망에 따라 바뀐다.

목적을 공유하면 마음도 하나가 된다.

우리가 같은 동기를 가질 때 얻게 될 힘은

믿기 어려울 정도지만 성취는 어렵지 않다
우리가 함께 성취하는 것에는 한계가 없다.

너는 형제의 눈을 통해
너의 가치를 보게 되고,
자신을 공격했다고 여긴 사람을
자신의 구원자로 보게 될 때 해방된다.
이 해방을 통해 세상이 풀려난다.
평화를 가져올 때 네가 맡은 역할은 바로 그것이다.
너는 이곳에서 네가 맡은 역할을 물었고
답을 받았다.
너의 역할을 바꾸거나 다른 목표를 세우려 하지 말라.
네게 주어진 역할은 이것이고, 이것뿐이다.
이를 받아들이고 기꺼이 봉사하라.

목표는 명확하고,
이제 목표를 달성할 구체적인 방법이 필요하다.
목표를 달성하는 시기는
오직 각 단계를 연습하는 너의 의지에 달려 있다.
각 단계는 네가 시도할 때마다 조금씩 도움을 줄 것이며,
단계들이 모여 너를
판단의 꿈에서 용서의 꿈으로 이끌어,
고통과 두려움에서 벗어나게 할 것이다.

우리는 이곳에서 사명이 있다.

우리가 한때 믿었던 광기에 더 깊이 빠지려고 온 것이 아니다.

우리가 받아들인 목표를 잊지 말자.

우리가 얻으려는 것은 우리만의 행복이 아니다.

2
너의 마음에 대해 마음을 바꾸라

마음의 평화는 명백히 내면의 일이다
그것은 먼저 너의 생각에서 시작되어
밖으로 확장되어야 한다
세상에 대한 평화로운 지각은
네 마음의 평화에서 비롯된다

마음의 본래 상태는 평화다. 하지만 대부분의 경우 마음의 평화는 잘못된 지각, 생각, 믿음이 일으킨 왜곡의 장막 아래 숨겨져 있다. 이제 우리는 마음의 왜곡을 바로잡는 훈련을 통해 마음의 평화를 재발견하고 기억해야 한다. 〈기적수업〉은 훈련되지 않은 마음은 아무 것도 성취할 수 없다는 것과 〈기적수업〉이 마음을 훈련하는 수업이라는 점을 강조한다. 평화의 선물은 오직 마음을 수련하여 왜곡된 생각과 지각을 교정할 때 경험될 수 있다.

마음의 힘

마음은 결정기구이므로,
너의 마음이 너의 상태를 결정한다.

너는 너의 마음에 대해
마음을 바꾸기를 배워야만 한다.

오직 마음만이 두려움을 일으킨다.
원하는 것에 갈등이 있을 때마다
마음은 원함과 행함의 불일치로 인한
불가피한 압박감으로 두려움을 일으킨다.

마음만이 가치를 매길 수 있고,
마음만이 주고받을 선물을 결정할 수 있다.
또한 마음이 주는 선물은
마음이 무엇을 원하는가에 달려 있다.

세상 자체는 아무것도 아니다.
너의 마음이 세상에 의미를 부여해야 한다.

너는 행복을 원한다.
너는 평화를 원한다.
그러나 너의 마음은 전혀 훈련되지 않았기에
지금 너는 행복도 평화도 누리지 못한다.

너의 마음에서
영원한 고요와 평화가 다스리는 부분과 동일시하라.

깊은 침묵 속에 귀 기울이라.
가만히 있어 네 마음을 열라.
그리고 평화에 침잠하라.
미쳐 날뛰는 생각과 소음 그리고 광경의
정신 나간 세상 너머에서
너를 기다리는 평화에.

네 안에
완전한 평화가 깃든 곳이 있다.
네 안에
불가능이 없는 곳이 있다.

영에게 봉사하는 마음은 상처받을 수 없다.

영에게 봉사하는 마음은
평화롭고, 기쁨으로 충만하다.

마음의 힘은 영에게서 오며,
마음은 즐거이 이곳에서의 역할을 다한다.
그러나 마음은 자신을 영과 분리되어 있다고 보고,
자신으로 혼동하는 육체 안에 있다고 지각할 수도 있다.
그러면 마음은 역할이 없어 평화를 얻지 못하고,
마음의 사고에서 행복은 낯설어진다.

고요한 마음은 작은 선물이 아니다.

긴장도 방심도 하지 않는 상태에서 편히 쉬어라
너의 마음이 고요 속에 바뀌어
세상이 너와 함께 해방되게 하라.

오직 평화만을 원한다고 진정으로 말하는 마음은
다른 마음과 결합하기 마련이니,
그것이 평화를 얻는 길이기 때문이다.
진정으로 평화를 원한다면,
평화를 찾는 수단은
정직하게 평화를 추구하는 마음이 이해할 수 있는
형태로 주어진다.

우리는 혼자서는 아무것도 할 수 없지만,
함께라면 우리의 마음들은 융합되어
분리된 부분의 합을 훨씬 능가하는 권능을 갖게 된다.

내 마음에 평화가 깃들기를.
내 모든 생각을 잠잠하게 하소서.

지각은 거울이다

너는 네가 지각하는 것에 반응하고
지각하는 대로 행동한다.

지각하는 것에 대한 너의 반응은
너에게 달려있으니,
너의 마음이 너의 지각을 결정하기 때문이다.

지각은 곧 해석이기에,
해석 없이는 인지할 수 없다.

이점을 이해하라.
너는 그 무엇에도 직접 반응하지 않으며,
오직 네가 내린 해석에 반응한다는 점을.
따라서 너의 해석은 반응을 정당화하게 된다.

지각이 네가 보는 세상을 선택하고, 만들어 낸다.
지각은 문자 그대로 마음의 지시대로 세상을 고른다.
같은 조건이라면 크기, 모양, 밝기에 좌우될 수 있을 것이다.

하지만 조건은 같지 않다.
찾고 싶은 것은 무시하고 싶은 것보다 훨씬 발견하기 쉽다.

세상은 네가 배우기를 원치 않는다면
너에 대한 그 어떤 형상도 가르칠 수 없다.

실재는 너의 협력이 없어도 실재이다.
그러나 실재를 인지하려면 너의 협력이 필요하다.

지각은 선택이다.
네가 원하는 너,
네가 살고 싶은 세상,
너의 마음이 만족할 것이라고 여기는 상태를 선택한다.
지각은 너의 결정에 따라
네가 너의 안전이 있다고 여기는 곳을 선택한다.
지각은 네가 되고 싶어 하는 너를 너에게 보여준다.
그리고 지각은 언제나 너의 목적에 충실하다.

기뻐하자.
너는 네가 믿는 것을 볼 것이며,
너의 믿음을 바꾸는 것이 너의 과업임을.

네가 참되게 지각한다면
너는 너 자신과 다른 사람에 대한 잘못된 지각을

동시에 바로잡는다.
너는 있는 그대로 보기에,
그들에 대한 진실을 받아들임으로써
그들도 자신에 대한 진실을 받아들일 수 있게 한다.

안주하지 말자.
세상이 우리의 바뀐 지각에 동참하기 전에는!
만족하지 말자
용서가 완성되기 전에는!

나는 세상의 평화를 형제들과 함께 나눌 때,
이 평화가 나의 내면 깊은 곳에서 온다는 것을 이해하기 시작한다.

생각의 힘

네가 보는 것은 네 생각의 결과다.
이 사실에는 예외가 없다.

네가 가진 생각 하나하나가
평화나 전쟁을,
사랑이나 두려움을 가져온다.

정신 나간 염원에서 정신 나간 세상이 나오고,
심판에서 정죄 받은 세상이 나온다.
그리고 용서하는 생각에서
온유한 세상은 나온다.

네가 인식해야 할 것은
네가 어떤 사고체계를 공유하지 않는다면
그 사고체계를 약화시킨다는 것이다.
따라서 그 사고체계를 믿는 자들은
공유하지 않는 것을 그들에 대한 공격으로 지각한다.
이는 사람은 자신의 사고체계와 동일시하며,

모든 사고체계는
자신을 무엇이라고 믿는지에 중심을 두기 때문이다.

너는 네가 선택한 것을 믿을 자유가 있고,
너의 행위는 네가 믿는 바를 보여준다.

내가 보는 세상을 내 마음 상태의 표현으로 보자.
나는 내 마음 상태가 바뀔 수 있음을 안다.
그러므로 내가 보는 세상 또한 바뀔 수 있음을 안다.

나에게는 중립적인 생각이 없다.

3
네가 실재라고 생각하는 것을 바꾸기

실재는 아무 것도 위협할 수 없다
실재는 오직 진실만을 지지하기에
실재는 허상만을 '위협'할 수 있다

마음의 힘은 실재처럼 보이는 세상 전체를 우리 바깥에 만들 정도로 강하다. 이는 잠자며 꾸는 꿈에서 가장 명백하게 볼 수 있다. 꿈꾸는 동안에는 꿈속의 세상이 정말로 실재처럼 보인다. 꿈에서 깨어나고서야 우리의 몸을 포함하여 꿈속에 등장했던 모든 사람과 모든 사물이 우리의 잠든 마음이 만들어낸 산물임을 인식한다.

수업은 우리가 깨어 있는 상태도 이와 마찬가지라고 설명한다. 그것도 우리가 아직 깨어나지 못한 꿈이라는 것이다. 깨어나려면 꿈과 허상의 진짜 실체를 정확하게 인식해야하며, 그것들을 내려놓을 용의를 가져야 한다. 꿈을 내려놓을 때 우리는 우리의 실재를 발견하며, 실재 안에서 평화를 발견한다.

꿈

잠든 마음이 아니라면
어디에 꿈이 있겠는가?

꿈은 주어진 듯이 지각되지만,
사실 네가 원해서 선택한 것이다.

너는 먼저 평화를 꿈꾼 다음
깨어나 평화를 맞이한다.
네가 만든 것을
네가 원하는 것으로 바꾸는 첫 교환은
악몽을 행복한 사랑의 꿈으로 교환하는 것이다.

잠자는 동안에는
꿈속에서 보는 것을 실재로 여긴다는 것을
너는 경험상 알고 있다.
그러나 잠에서 깨어나는 순간,
꿈속에서 일어났다고 여겼던 일들이 일어나지 않았음을 깨닫는다.
잠든 동안 깨어나서 보는 세상의 법을 어겼더라도

이를 기이하게 생각하지 않는다.
너는 사실 깨어나지 않았고
단지 이 꿈에서 저 꿈으로
옮겨 다닌 것일 수 있지 않겠는가?

꿈의 세상에서는
변화와 개선을 희망하지 않는 것은 아무것도 없으니,
여기서는 불변을 발견할 수 없기 때문이다.
이 사실을 진정으로 기뻐하고,
여기서 영원한 것을 추구하지 말자.
용서의 꿈은 네가 꿈꾸는 바깥세상에서 떨어져 나오는 수단이며,
마침내 모든 꿈을 지나 영원한 생명의 평화로 인도한다.

용서가 너의 꿈에 임하여,
마음의 평화와 제정신을 회복하게 하라.
용서가 없다면 너의 꿈은
여전히 너를 두렵게 할 것이다.

일부 꿈은 계속 꾸고, 일부 꿈은 깨어나는 경우는 없다.
너는 자고 있거나 깨어 있고,
이 중 한 상태에서만 꿈이 사라진다.
네가 좋아한다고 생각하는 꿈도
두려움이 도사리는 꿈만큼이나 너를 저지할 것이다.

해방은 꿈이 아니라 오직 깨어남에 있다.

오늘 꿈에서 빠져 나와 평화에 드는 시간을 마련하라.

허상의 대가

허상은 진실이 아니기에 사실 두렵지 않다.
허상은 그 실체의 인식에 실패하는 만큼 두렵게 보이며,
허상이 진실이기를 원하는 만큼
허상의 실체를 인식하는 데 실패한다.

허상은 투자다.
허상에 가치를 두는 한 허상은 지속된다.
허상을 몰아내는 유일한 길은
허상에 쏟은 모든 투자를 회수하는 것이다.

투사가 지각을 만들고
너는 지각 너머를 볼 수 없다.
너는 형제 안에서 너의 개인적인 세상의 그림자 인물을 보기에,
형제를 공격하고 또 공격하였다.

이제는 가고 없는 과거 일로
현재에서 보복한다는 것은
미래에 고통을 겪겠다는 결정이다.

과거의 고통이 허상임을 배우지 않는다면
허상으로 채워진 미래를 선택하고,
현재에서 발견할 수 있는 수많은 해방의 기회를 놓치게 된다.

허상은 진리에 대한 공격이다.

허상은 형태가 무엇이든 그것은 두려움이다.

너는 허상에 엄청난 대가를 지불했지만,
그 어떤 허상도 네게 평화를 주지 못했다.

증오의 허상이 지속되는 한,
네게는 사랑이 허상일 것이다.
그렇다면 유일하게 남은 선택은
어떤 허상을 더 좋아하는가이다.

허상 없이는 갈등이 있을 수 없다.
이를 인식하고,
이 인식이 가져오는 평화를 경험하자.

네가 형제 안에서 지각한 허상을 용서하여
허상의 노예가 된 형제를 풀어주어라.

이 점을 잊지 말라.

무언가에 대해 방어해야 한다고 느낀다면
너는 자신을 허상과 동일시한 것이다.
따라서 너는 혼자라서 자신을 약하다고 느낀다.
이것이 허상의 대가다.
모든 허상은
네가 분리되어 있다는 신념을 기반으로 한다.

이 세상은
네가 혼자 떨어져,
너와 분리된 사람들에게 영향을 주지 않고 생각할 수 있다는 꿈에
지나지 않는다.

절망이라는 허상이 찾아오는 듯 보일지라도
거기에 속지 않는 법을 배우라.
허상 하나하나 뒤에 실재가 있고, 거기에 하나님이 계신다.

허상이 없는 마음은 어떤 상태일지
상상할 수 있겠는가?
어떤 느낌이겠는가?
어쩌면 채 일 분도 되지 않는 순간일지 모르지만 너의 평화가 아무런 방해를 받지 않았던 순간,
사랑받고 안전하다는 확신을 가졌던 때를 기억해보라.
그 순간이 시간 끝까지,
영원까지 확장되면 어떨지 그려보라.

그런 다음 네가 느낀 고요한 느낌을
백배로 늘리고 다시 백배로 늘려보라.
그러면 너는 진리가 왔을 때 마음이 누릴 안식의 상태를
희미하게나마 보여주는 단서를 잡은 것이다.

과거를 보내기

치유란 과거에서 해방되는 것이다.

과거가 부여한 세상의 목적은 잊기로 하자.
잊지 않으면 미래는 과거와 같을 것이며,
암울한 꿈이 이어질 뿐이다.

오직 과거만이 분리할 수 있지만
과거는 어디에도 없다.

너의 과거는 분노 속에 만들어졌기에,
과거를 이용해서 현재를 공격한다면
현재가 지닌 자유를 보지 못할 것이다.

과거에 대한 응징의 꿈이 빠진 환상은 없다.
너는 그 꿈을 실행할 것인가 아니면, 놓아줄 것인가?

과거는 아무것도 아니다.
박탈을 이유로 과거를 탓하려 하지 말라.

과거는 사라졌다.
이미 사라진 것을 보내지 않기란 사실 불가능하다.

과거에 머물지 말라.
과거의 상념들이 말끔히 씻기고,
네가 만든 관념들이 깨끗이 치워진.
활짝 열린 마음을 유지하라.
오늘 너는 세상을 용서하였다.
이제 너는 한 번도 본 적이 없던 것처럼 세상을 볼 수 있다.

과거는 사라졌고
과거와 함께
복수의 욕망도 뿌리 뽑혀 사라졌다.
현재의 고요와 평화가
완전한 온유 속에 너를 감싼다.
모든 것은 사라지고 오직 진리만이 남는다.

과거에서 해방될 때
너는 사랑이 네 안에 있음을 보게 된다.

이제,
지금 이 순간을
존재하는 유일한 시간으로 여기라.
과거의 그 무엇도 여기 있는 너에게 도달할 수 없으며,

너는 여기서
완전히 사면되고,
완전히 자유롭고,
아무런 정죄도 받지 않는다.

두려움은 현재에서 오지 않는다.
두려움은 다만
존재하지 않는 과거와 미래에서 온다.
매 순간 과거와 확실하게 분리되고
과거의 그림자가 미래 위로 드리우지 않는다면,
현재에는 아무런 두려움이 없다.

현재는 너와 형제들을 하나로 결합하고
너를 과거로부터 해방할 빛 속에서 형제들을 보여준다.
그런데도 너는 과거를 들춰 형제를 탓하려는가?
만약 그런다면 너는 네게 주어진 빛을 거부하고,
존재하지 않는 어둠에 남기로 선택한 것이다.

현재는 영원토록 확장한다.
그토록 아름답고, 그토록 순결하며,
죄책 없는 현재에는 오직 행복만이 있다.
어둠은 기억되지 않으며 지금 불멸과 기쁨이 있다.

한 관념으로 과거가 치유되고 미래가 해방되기에 충분하다.

한 관념으로 현재를 있는 그대로 받아들이기에 충분하다.

한순간 가만히 있어
예전에 배운 모든 생각들을 비우고,
네가 만든 모든 형상들을 내려놓으라.
너의 저항이나 너의 의도와 무관하게,
새 것이 오면 오래된 것은 떨어져나간다

근심, 걱정이 없고
불안도 없으며,
늘 완벽한 고요와 평온 속의 상태를 상상할 수 있겠는가?
시간은 그 상태에 도달하기를 배우도록 주어졌다.

영원한 것에 대한 믿음은 언제나 정당하다.
영원한 것은 언제나 온유하며,
끝없이 인내하고, 온전히 사랑하다.
영원한 것은 너를 온전히 받아들이며,
평화를 준다.
그것은 오직 이미 네 안에 평화롭게 있는 것과 하나 될 수 있다.

천국은 여기다
다른 장소는 존재하지 않는다.
천국은 지금이다.
다른 시간은 존재하지 않는다.

실재를 환대할 때

실재를 환대할 때 진정 자유로워진다.

너는 실재를 찾아 나설 필요가 없다.
네가 실재의 조건을 충족하면
실재가 너를 찾고 실재가 너를 발견한다.

실재를 왜곡하면 실재를 알 수 없다.
실재를 왜곡하는 것은 자신을 비실재로 만들려는 시도이기에
불안하고 우울하며 결국은 공황 상태에 빠지고 만다.
이러한 상태를 느낄 때
밖에서 진리를 찾지 말라.
진리는 오직 네 안에만 있을 수 있다.

너를 두렵게 하는 것은
형제나 아버지나 너 자신의 실재가 아니다.
너는 그들이 누구인지 모른다.
그래서 그들을 끔찍한 유령이나 괴물로 지각한다.

허상을 어떻게 극복할 것인가?

힘이나 분노나 그 어떤 반대로도 극복할 수 없다는 점은 분명하다.

허상이 실재와 모순된다는 이성의 말을 막지만 않으면

허상은 극복된다.

허상은 진실일 수밖에 없는 것에 저항한다.

허상이 반대한다. 실재는 반대하지 않는다.

실재는 아무것도 반대하지 않는다.

다만 존재하는 것은

방어가 필요 없고 방어를 제공하지도 않는다.

오직 허상만이 약하기에

오직 허상만이 방어가 필요하다.

실재만이 고통 받지 않는다.

실재만이 상실을 겪지 않는다.

실재만이 전적으로 안전하다.

오늘 우리가 찾으려는 것은 바로 이 실재다.

4

평화의 장애물

평화가 넘어야 할 장애물은
모두 같은 방법으로 극복된다
장애물을 세운 두려움이
장벽 너머의 사랑에 굴복하면
두려움은 사라진다

우리는 대체로 다른 사람이나 외부 상황 때문에 평화를 누리지 못한다고 생각한다. 반면 수업은 평화를 가로막는 장애물은 우리 내면에 있다고 강조한다. 우리의 마음을 흔들고, 지각에 먹구름을 드리우며, 우리의 관계를 왜곡하는 우리 내면의 감정과 생각과 믿음이 평화를 가로막는다. 이들 장벽에는 두려움과 죄책감, 비판과 비난의 생각들, 그리고 자신의 특별함이나 희생의 가치에 대한 잘못된 믿음이 포함된다. 이러한 감정들을 내려놓고 잘못된 믿음에 의문을 제기하고, 용서와 사랑으로 두려움과 희생을 대체할 때 우리는 평화를 발견한다.

특별함의 추구

특별함을 추구하면
언제나 평화를 대가로 치르게 된다.

너는 특별하지 않다.
네가 자신을 특별하다고 생각하고
너의 특별함을 지키기 위해
진정한 너라는 진리에 맞선다면
어떻게 진리를 알 수 있겠는가?

특별함은 언제나 비교한다.
특별함은 상대에게서 본 부족함으로 성립되며,
지각할 수 있는 모든 부족함을 찾아내어
명확하게 포착함으로써 유지된다.

만약 네가 완전한 평화를 누리지 못하고
어떤 종류의 고통이라도 있다면,
너는 형제 안에서 죄를 보았고,
형제 안에 있다고 여긴 죄를 기뻐한 것이다.

그리하여 너의 특별함은 안전해보였던 것이다.

특별함을 추구한다면 너는 고통스러울 것이다.

용서는 특별함의 종말이다.
오직 허상만이 용서받을 수 있고,
용서받은 허상은 사라진다.
용서는 모든 허상에서 해방되는 것이다.

희생의 의미

새로운 사고체계가 자리 잡기 전
대체되어야만 하는 첫 번째 허상은,
이 세상에 속한 것을 포기하는 것이 희생이라는 것이다.
세상 자체가 허상에 지나지 않으니
이것이 허상이 아니고 무엇이겠는가?

그 어떤 희생이든 다만 주는 것을 제한한다는 사실을 배우라.

너는 사랑과 희생을 극도로 혼동한 나머지,
희생 없는 사랑은 상상조차 할 수 없다.
네가 반드시 살펴야 하는 점은 바로 이것이다.
희생은 공격이다. 사랑이 아니다.
이 하나의 관념을 받아들인다면,
사랑에 대한 두려움은 사라질 것이다.

희생을 사랑이라 믿는 너는
희생이 사랑과의 결별임을 배워야 한다.
사랑이 평화를 가져온다면

희생은 죄책을 가져오기 때문이다.

사랑이 희생을 요구하는 것이 아니다.
사랑이 있는 곳에서는 살 수 없는 두려움이
사랑의 희생을 요구한다.

아무에게도 희생을 요구하지 않음으로써
우리 함께 평화를 경축하자.

두려움과 죄책감의 장막

평화가 넘어야 할 첫 번째 장애는
평화를 없애려는 너의 열망이다.
네가 평화를 간직하지 않는다면
평화는 확장될 수 없다.
평화의 중심은 너다.
평화는 다른 이들을 부르기 위해 네게서 바깥으로 퍼져나간다.
너는 평화의 집이요, 평화의 고요한 보금자리다.
평화는 그곳에서 밖으로 부드럽게 펼쳐지지만
결코 너를 떠나지 않는다.

네게 아무런 두려움이 없고
너를 만나거나 너를 떠올리는 것만으로도
사람들이 너의 완전한 평화를 함께 누린다면,
너는 너의 가르침이 아닌
하나님이 주신 가르침을 배웠다고 확신해도 좋다.

네가 만약 두려워한다면,
너는 세상이 갖지 않은 속성을 세상에 부여하고,

존재하지 않는 형상들로 세상을 가득 채울 것이 분명하다.
진리는 두려움에 가려지고
진리라고 상상된 것만이 남게 된다.

두려움은 결코 정당화될 수 없는 판단이다.
두려움을 느낀다면,
네가 두려운 대본을 썼고
그래서 두려워한다는 것을 보여줄 뿐이다.

보라, 무엇이 두려운지.
오직 예상만이 너를 두렵게 한다.

두려움이 얼마나 약한가,
얼마나 작고 의미 없는가.
사랑이 하나로 결합한 자들의 고요한 힘 앞에서
두려움이 얼마나 보잘것없는가!

우리가 함께하는 여행은
어둠을 빛으로,
무지無知를 이해로 교환하는 여행이다.
이해하면 두렵지 않다.

우리는 서로의 길을 밝혀주며
두려움의 장막을 넘어간다.

두려움은 사랑의 부재가 아니고 무엇인가?

두려움에서 물러나
사랑으로 다가가라.

두려움은 세상을 속박하고,
용서는 세상을 해방한다.

사랑이 두려움을 넘겨보듯,
두려움도 사랑을 보지 않는 것이 분명하다.
두려움이 죄책에 의존하는 만큼이나 확실하게,
사랑은 죄책의 종말을 담고 있다.

너는 형제가 네게 한 일 때문에
그를 비난한다고 생각한다.
그러나 사실은 네가 그에게 한 일 때문에
형제를 탓하는 것이다.
너는 그의 과거가 아니라
너의 과거 때문에 그를 원망하는 것이다.
너는 과거의 너 때문에
그를 믿지 못하는 것이다.

네가 죄인으로 보는 사람은
너의 죄를 증언한다.

죄책감을 느끼지 않는다면
공격할 수 없으니,
공격의 뿌리는 정죄이기 때문이다.
정죄란 다른 마음을 사랑받을 가치가 없고
처벌받아 마땅하다고 판단하는 것이다.

너의 죄책을 형제에게 전가하거나
그와 공유하기 위해
혹은 그의 죄책으로 지각하기 위해 맺은
그 어떤 결합에서든,
너 자신이 죄책감을 느낄 것이다.

평화와 죄책감은 정반대다.

죄책에 근거가 있다고 생각하는 한,
죄책의 종말은 결코 오지 않는다.
왜냐하면 너는
죄책이 언제나 제정신이 아님을 배워야하기 때문이다.

다른 관계의 희생으로 맺어진 관계 속에서
죄책감에 시달리지 않기란 불가능하다.
관계의 일부를 비난하면서
그 관계 속에서 평화를 발견하기도
똑같이 불가능하다.

정직하게 자문해보라.
"나는 완전한 소통을 원하는가?
소통을 방해하는 모든 것을
영원히 놓아버릴 완전한 용의가 있는가?"

소통이 있는 곳에
평화가 있다.

원망에는 죄책감의 고통이 따르고
용서에는 평화가 따른다.

내면을 들여다보기를 두려워 말라.
에고는 말하리라.
네 속은 온통 죄로 시커멓다며
거기를 보지 말라고,
대신 형제를 보고 그들에게서 죄를 보라고.
그러나 눈멀지 않고서야 그럴 수 없다.

너는 결백할 때
오직 그때만 행복할 수 있다.

죄책에서 해방되려면 형제를 죄책에서 해방하라.
두려움은 단순히 실수입니다.
오늘 나로 하여금 진리를 두려워하지 않게 하소서.

판단과 방어를 내려놓기

끊임없이 판단한다는 것은
사실 견뎌낼 수 없을 만큼 힘든 일이다.
그토록 진을 빼는 능력을
그토록 소중히 여긴다는 것이 기이할 따름이다.

네가 무엇이고
네 형제가 무엇인지 알게 되면,
그들에 대한 그 어떤 판단도 의미가 없었음을 깨달으리라.
사실 너는 그들을 판단하고 있기에
그들의 의미를 놓친다.

모든 것을 정죄 없이 보는 법을 배워
너 자신을 정죄 없이 바라보라.

판단 대신
다만 가만히 있어
모든 것이 치유되게 허용하기만 하면 된다.

판단과 사랑은 반대쌍이다.
판단에서 세상 모든 슬픔이 시작되고
사랑에서 하나님의 평화가 온다.

사랑하는 자는 비판할 수 없고,
자신이 보는 것을 정죄하지도 않는다.

비판하지 말라.
너는 너 자신을 비판할 뿐이다.

평화를 방어할 수 있고,
평화를 지키려는 공격은 정당하다고 믿는 이는
평화가 자신의 내면에 있음을 지각할 수 없다.

분노는 자기방어라는 미명 아래
공격이 합리적이고, 정당하며, 당연한 것처럼 보이게 만든다.
하지만 방어는 이중의 위협이다.
방어는 약함을 입증하며,
작동할 수 없는 방어 체계를 구축하기 때문이다.

공격하지 못하는 방어가
최상의 방어다.

진리는 방어를 능가하니,

진리가 들어오도록 허락된 곳에는
허상이 있을 수 없기 때문이다
진리는 무기를 내려놓고 어리석은 놀이를 그만두려는
모든 마음에게 다가간다.
진리는 언제든지 발견되며,
진리를 환영하기로 선택한다면
오늘 발견된다.
이것이 오늘 우리의 목표다.

오늘 우리는 하나의 교훈,
불필요한 불행과 더 이상의 지체를
상상할 수 없을 만큼 덜어주는
교훈을 배운다.
교훈은 이러하다.
너는 네가 방어로 막으려는 것을 만들며,
네가 세운 방어로 네가 막으려는 것은
실재가 되고 피할 수 없는 것이 된다.
무기를 내려놓으라.
그래야만 너는 그것이 거짓임을 인식하게 된다.

여기 도움이 있다.
소란 가운데 고요히 있기를 배우라.
고요는 투쟁의 끝이며,
이것은 평화로의 여행이다.

방어 없이 온 그가 얼마나 강한가.
그를 적으로 여기는 이들에게
그는 오직 사랑의 메시지를 전한다.

*나 자신을 방어한다면 나는 공격받았다.
그러나 방어하지 않는다면 나는 강하며,
나의 방어가 숨긴 것을 배울 것이다.*

5

갈등의 종말

용서는
갈등의 꿈을
끝낸다

세상의 갈등과 전쟁은 마음 속 갈등과 전쟁을 반영하며, 외부의 소란과 내면의 소란 둘 다 분노와 공격의 생각에서 비롯된다. 그러므로 외부 세상과 우리 내면에서 평화를 이루려면, 분노와 공격을 내려놓고 용서를 실천하는 것이 필수이다.

분노와 공격에 대한 재해석

이를 기억하는 것이 도움이 될 것이다.
그 누구도 사실에 분노할 수 없다.
언제나 해석이 부정적인 감정을 일으킨다.
그것이 사실로 보이는 것에 대한 감정이라도 이는 진실이다.

만일 분노가 사실이 아닌 해석에 기인하는 것이라면,
분노는 결코 정당할 수 없다.
일단 이 점을 어렴풋이나마 파악한다면
길은 열린다.

화가 날 때,
이는 누군가 네가 정해준 기능을
완수하지 못했기 때문이 아닌가?
그리하여 그것이 네 공격이 정당하다는 '이유'가 되지 않는가?

투사하지 않으면 분노할 수 없지만
확장하지 않으면 사랑할 수 없다는 것 또한 진실이다.

형제 안에서 사랑의 생각만을 받아들이고
나머지는 모두 도와달라는 호소로 간주하라

도와달라는 요청을
있는 그대로 인식하지 못하게 가로막는 것은
공격이 필요하다는 너의 상상뿐이다.

다른 사람의 오류를 공격하면,
자신이 다친다.
형제를 공격하면 형제를 알 수 없다.
공격은 언제나 이방인에게 가해진다.
형제를 잘못 지각함으로써
너는 형제를 이방인으로 만들고,
따라서 형제를 알 수 없게 된다.
형제를 두려워하는 이유는
그를 이방인으로 만들었기 때문이다.
형제를 알 수 있도록 형제를 바르게 지각하라.

너는 너의 공격적인 생각들을 투사하기에
공격을 두려워한다.

투사는 공격을 정당화하는 수단이기에
투사와 공격은 뗄 수 없는 관계다.

처벌의 개념은 비난의 투사와 관련이 있고
비난이 정당하다는 관념을 강화한다.
그 결과 비난을 가르치니,
행동은 행동에 동기를 부여한 신념을 가르치기 때문이다.

네가 적으로 지각한 자들은
사실 네 평화의 일부다.
그들을 공격함으로써 너는 평화를 포기한다.

안전이란 공격을 완전히 버리는 것이다.
여기에는 타협이 없다.
어떤 형태로든 공격을 가르친다면
너는 공격을 배웠고 공격이 너를 다치게 한다.

강한 자는 공격하지 않는다.
강한 자는 공격할 필요를 느끼지 않는다.
공격의 관념이 너의 마음에 들어오기에 앞서,
너는 자신을 약하다고 지각했음에 틀림없다.

이곳에 있는 모든 사람은 어둠으로 들어왔지만
혼자 온 사람은 없다.
천국의 도움이 그와 함께 왔다.
언제라도 그를 어둠에서 빛으로 인도할 준비가 되어 있는 도움은
그의 선택만을 기다리므로,

언제라도 그는 도움을 택할 수 있다.
주어진 도움을 사용하기로 선택할 때,
그의 분노를 정당하게 보이게 했던 예전의 상황들이
사랑이 정당해 보이는 사건으로 바뀌는 것을 보게 된다.
예전에 선전포고로 들리던 소리가
사실은 평화를 부르는 소리임을 명확하게 들을 것이다.
그는 자신이 공격을 주었던 곳에
또 하나의 제단이 있음을 지각하게 된다.
그에게 훨씬 큰 행복을 안겨주는 용서를
공격만큼 쉽게 그 재단에 올릴 수 있다.
그리하여 그는 모든 유혹을
기쁨을 가져오는 또 하나의 기회로
새롭게 해석하게 된다.

공격에 슬픔이 따른다면
온유에는 기쁨이 함께 한다.

완벽하게 안전한 자는 전적으로 자애롭다.
그들은 자신이 축복받았음을 알기에 세상을 축복한다.

오늘 우리는 우리의 두려움이 사라져
사랑에 자리를 내어주도록 분노에 대항한다.

원망은 사랑과 완전히 이질적이다.

원망은 사랑을 공격하고 사랑의 빛을 가린다.
원망을 품는 것은 사랑을 공격하는 것이며,
따라서 나의 자아를 공격하는 것이다.

공격의 생각을 품지 않으면
공격의 세상을 볼 수 없다.
용서를 통해 다시 사랑을 의식했을 때,
나는 평화와 안전과 기쁨의 세상을 볼 것이다.
지금 보는 것 대신 내가 보기로 선택하는 것은
바로 그 세상이다.

갈등과 전쟁의 해결

갈등은 잠이며, 평화는 깨어남이다.

갈등이 있기 전에 의심이 있었음에 틀림없다.
그런데 모든 의심은 자신에 대한 의심일 수밖에 없다.

속이려는 염원만이 전쟁을 일으킨다.
자기 자신과 하나가 되면
갈등은 상상조차 할 수 없다.
갈등은 자기기만의 불가피한 결과이며,
자기기만은 정직하지 않은 것이다.

두려움은 전쟁에서 탄생하고 그곳에서 자라나 군림한다.
사랑은 평화에 머무르며 그곳에서 자신을 나눠준다.
갈등과 평화는 정반대다.
둘은 공존할 수 없다.
하나가 오면 하나는 사라진다.
그러므로 허상들의 전쟁터가 된 마음은
하나님에 대한 기억이 희미해져버린다.

그러나 하나님에 대한 기억은
네가 평화의 편에 섰을 때 기억할 수 있도록
이 무의미한 전쟁 너머에서 빛나고 있다.

신뢰하는 자만이 정직할 수 있으니,
오직 그들만이 정직의 가치를 이해할 수 있기 때문이다.
정직은 네가 한 말에만 적용되는 것이 아니다.
정직이란 용어는 사실 일치를 의미한다.
너의 말이 너의 생각이나 행동과 전혀 모순되지 않는다는 것이다.
그러므로 어떤 생각도 다른 생각과 반대되지 않으며,
너의 행동은 너의 말과 모순되지 않고,
서로 일치하지 않는 말이 없다.
이들이 진정으로 정직한 사람이다.
그들은 어떤 수준에서도 자기 자신과 갈등하지 않는다.
그러므로 그들은
그 누구와도 그 무엇과도 갈등하는 것이 불가능하다.

고요 속에서 모든 것은 답을 받고,
모든 문제는 조용히 해결된다.

갈등 속에는 답도 해결도 있을 수 없다.
갈등의 목적은 해결을 불가능하게 하고,
어떤 답도 분명하게 보이지 않게 하는 것이기 때문이다.

갈등하면 문제를 여러 방식으로 보기에
답이 없다.
이 관점에서 얻은 답이 저 관점에서는 답이 아니다.

허상 간의 갈등은 진리 앞으로 가져오면
갈등은 사라진다.
갈등은 오직 상충된 진리 간의 전쟁으로 여길 때만
실재처럼 보인다.
갈등은 허상들 사이에서 선택하는 것이다.
선택된 허상은 왕관을 차지하여 실재가 되고,
선택되지 않은 허상은 정복당해 경멸받는다.

허상이란 다만 존재하지 않는 것을 믿는 것이다.
진리와 허상의 갈등으로 보이는 것은
너 자신을 진리에서가 아니라 허상에서 분리시킴으로써만 해결될 수 있다.

허상은 허상을 만나고, 진리는 진리를 만난다. 허상들의 만남은 전쟁으로 이어진다.
평화는 자신을 보며, 자신을 확장한다.

나는 평화롭지 않으니
잘못된 결정을 내렸음에 틀림없다.
이는 내가 내린 결정이지만,

*다른 결정을 내릴 수 있다.
나는 평화에 머물기를 원하므로,
다르게 결정하기를 원한다.*

나와 하나인 형제에게 평화를

네가 형제 안에서
다만 자신을 본다는 것을
기억하라

〈기적수업〉은 우리가 자신이 아닌 것을 자신이라고 믿는 정체성의 혼란 때문에 고통을 겪는다고 서술한다. 우리는 우리의 진정한 자아를 잊었다. 무한하고 초월적이며 영원한 우리의 진정한 자아 대신 우리는 덧없고 연약하며 상처받는 몸에 국한된 에고나 분리된 자아를 자신으로 여긴다. 그리하여 우리는 두렵고, 방어적이며, 세상이 제공하는 일시적인 쾌락이 유일한 위로라고 생각한다.

유수한 전통적 종교들이 진정한 자아를 인식하도록 도와주지만, 〈기적수업〉은 우리의 관계를 이 인식을 돕는 주요 도구로 강조한다는 점에서 매우 독특하다. 우리는 다른 사람에 대하는 관점과 태도로 우리 자신을 대한다. 우리가 다른 사람에게서 진정한 자아를 인식할 때 우리의 내면에서 진정한 자아를 발견한다. "거룩한 관계"란 이 인식을 향상시키고 이 인식을 세상으로 확장하는 관계다.

에고의 오류

에고란 무엇인가?
에고란 진정한 너에 대한 한낱 꿈에 지나지 않는다,

에고란 자신이 완전한 독립체라는 믿음이다.

에고를 정의定義하고
에고의 기원을 알려달라는 자는
에고를 실재라고 여기고,
에고를 정의함으로써
에고를 실재처럼 보이게 하는 말들 뒤에
그 허상적인 본성을 확실하게 숨기려는 것일 뿐이다.

오류는 에고에게서 오며,
오류의 교정은 에고를 버리는 데 있다.

에고에게 반응하는 것은 전쟁을 부르는 것이며,
전쟁은 네게서 평화를 앗아간다.
그러나 이 전쟁에는 적이 없다.

평화는 에고의 가장 큰 적이다.
에고가 해석하는 현실에 따르면
전쟁이 에고의 생존을 보장하기 때문이다.
에고는 투쟁 속에 강해진다.

염원했던 것마저도 반갑지 않을 수 있다.
이는 그럴 수밖에 없으니,
에고는 평화로울 수 없기 때문이다.

불안할 때,
불안은 에고의 변덕에서 왔음을 알아차리고
그럴 필요가 없다는 것을 알라.
너는 에고의 지시를 철저히 따랐듯이
그 지시를 철저히 경계할 수도 있다.

너는 유일 자아다

너는 유일 자아다.
완전하고 온전하며 치유된 이 자아는
세상을 뒤덮은 어둠의 장막을 거둘 권능을 지녔다.

너는 오직 사랑이지만,
네가 사랑임을 부인한다면
너의 정체는
네가 기억하기를 배워야 할 대상이 된다.

너는 모든 두려움을 내려놓고
네 안에 반대쌍 없는 사랑인 너의 자아를 알기 위해 배워야한다.

네 안에서 아름다운 진실을 보는 것을 두려워 말라.

너의 자아는 너의 마음이 갈등하는 동안에도
여전히 평화에 머무른다.

너의 바깥에 있는 그 무엇도 너를 구원할 수 없고,

너의 바깥에 있는 그 무엇도 네게 평화를 줄 수도 없다.

언젠가는 배우리라, 평화는 너의 일부이며,
어떤 상황에 처하든
다만 그 자리에서 상황을 포용하기만 하면
평화에 머무를 수 있다는 것을.
그리하여 마침내 배우리라,
네가 있는 곳은 한계가 없고,
너의 평화도 너처럼 어디에나 있다는 것을.

네가 함께 나누는 평화를 제한한다면
너는 너의 자아를 알 수 없다.

우리는 우리가 자신으로 받아들이는 것을
우리를 포함한 모든 사람의 정체로 선언한다.
형제를 저버리지 말라.
그것은 너 자신을 저버리는 것이다.
사랑의 눈으로 형제를 바라보라
그리하여 그들이 너의 일부요, 너는 그들의 일부임을 알게 하라.

나의 자아는
상상할 수 있는 내 모든 거룩한 생각보다 거룩하다.
영롱하게 빛나는 그 완벽한 순수는
이제껏 보았던 그 어떤 빛보다도 찬란하다.

고요한 확신 속에 조용히 만물을 붙드는
강렬한 내 자아의 사랑은 한계가 없다

형제를 알기

허상에서 벗어나기를 배우는 과정에서
형제에게 진 빚을 결코 잊지 말아야 한다.

이성은 거룩한 관계를 있는 그대로,
즉 둘 다 기꺼이 오류가 교정되게 하여
하나로서 행복하게 치유될 수 있는,
모두가 공유하는 마음 상태로 본다.

네가 형제와 함께 할 때 마다
너는 네가 무엇인지를 배우고 있다.
왜냐하면 너는 네가 무엇인지 가르치고 있기 때문이다.
형제는 네가 따르는 교사에 따라
고통이나 기쁨으로 반응할 것이다.
형제는 너의 선택에 따라 속박되거나 해방되며,
너 또한 그러하다.
네가 형제를 책임지고 있음을 잊지 말라.
그것은 너 자신에 대한 책임이기 때문이다.

온화한 눈빛으로 형제를 바라보라.
그리하여 너의 증오를 지각했던 세상이
사랑의 세상으로 바뀌었음을 목격하라.

우리는 함께 귀향길에 올랐고,
함께 나아가면서 형제들을 모은다.
우리의 힘에 더해진 것은 모두에게 주어져,
형제들도 약함을 내려놓고
우리에게 힘을 보탤 수 있다.

네가 형제를 데려가지 않는다면
어찌 길을 찾겠는가?

사람은 누구나 자기 자신을 찾으며,
자신이 잃었다고 여기는
권능과 영광을 찾고 있다.
누군가와 함께 할 때마다
너는 그것을 찾을 또 한 번의 기회를 맞이한다.

너는 형제 안에 있다고 인정하는 것을
네 안에서도 인정하며,
네가 공유하는 것을 강화한다.

너는 형제가 평화를 누리기만을 원할 때

형제의 가치를 보게 되고,
형제를 위해 원하는 것을 너 또한 받게 된다.

다시 한 번 형제를 보라.
형제는 네가 지각하는 대로
천국으로 이어지거나 지옥에 도달하는 길이 된다는 사실을 이해하면서.
그러나 이 사실을 잊지 말라.
네가 형제에게 주는 역할을 너 또한 받게 되며, 네가 형제에게 가리킨 길을 너 또한 걷게 된다는 것을.
왜냐하면 그것은 너에 대한 너 자신의 판단이기 때문이다.

서로 같은 너희는
혼자 결정하지도, 다르게 결정하지도 않는다.
너희는 서로에게 생명을 주거나 죽음을 준다. 너희는 서로에게 구원자가 되거나 재판관이 된다.

너는 감사를 통해
형제를 알게 되며,
한순간만 참되게 인식하면
모든 이가 너의 형제가 된다.

형제를 너 자신으로 알라.
사랑을 청하는 형제에게 답하라.

그리하면 너 또한 응답받는다.

형제를 아는 것이 곧 하나님을 아는 것이다.

형제에게 준 너의 작은 선물들이
세상을 환히 밝힌다.

네게 아무 것도 청하지 않는다.
다만 형제 안에 있는
변함없고 영원한 것을 받아들이라는 것 뿐.
너의 정체성이 거기에 있다.
네 안에 있는 평화는 형제 안에서만 찾을 수 있다.네가 건네는 사랑의 생각들은
네가 깨어나 영원한 평화와 끝없는 기쁨을 누리도록 이끌어줄 뿐이다.

형제를 너 자신으로 보게 될 때
마침내 너는 해방된다.

너를 둘러싼 고요가 형제의 내면으로 흐를 때
결백 속에 손잡은 너희의 행복한 꿈이 그 고요에서 조용히 온다.
결백 속에 잡은 손은 고통의 꿈속에서 움켜쥐는 손이 아니다.
세상의 모든 헛된 허상을 내려놓은 손에는 칼이 없다.
비워진 손은 완벽함이 놓여 있는 형제의 손을 잡는다.

형제는 우리를 이끌거나 뒤따르지 않는다.
다만 우리와 나란히 같은 길을 걷는다.
그는 우리와 닮았고,
우리가 허락하는 만큼
우리가 원하는 것에서 가깝거나 멀리 있다.
그가 우리와 함께 유익을 얻지 못하면 우리도 얻지 못하고
그가 앞으로 나아가지 못하면 우리도 뒤처지게 된다.
분노가 아니라 사랑으로 손잡으라.
그의 전진에 너의 전진이 있다.

네가 가진 무서운 자아개념이 바뀔 수 있도록 너와 함께 걷는 형제를 믿으라.

다시 선택하라.
너는 형제가 무엇이기를 원하는가?
네가 형제의 정체로 선택한 것은
너의 정체를 확립하고,
너는 그것을 보고 너라고 믿게 된다는 점을 기억하면서,

네가 기꺼이 아무것도 숨기지 않으려고 할 때,
너는 기꺼이 교감에 들 뿐 아니라 평화와 기쁨도 이해하게 된다.

우리가 얻은 이 하나임에서
우리의 형제들을 모두 불러

우리와 평화를 함께 나누고
우리의 기쁨을 완성하기를 청한다.

우리 함께 모두를 해방하여
다 같이 우리의 해방을 경축하자.

우리 함께 세상으로 축복을 가져오자.

우리의 역할은 함께 일하는 것이니,
따로 떨어져서는 아무 일도 할 수 없기 때문이다.
하나님의 아들에게 주어진 권능은
우리 모두에게 있다.
우리 중 어느 특정인에게 있지 않다.

*나는 형제가 나의 부분임을 기억하고
나 자신을 알 수 있도록
형제를 나의 친구로 보겠습니다.*

나와 하나인 나의 형제에게 평화가 있으라.
온 세상이 우리를 통해 평화의 축복을 누리게 하자.

7

평화는 우리를 통해 온다

이 세상은 너를 통해 바뀐다
세상을 구원할 다른 길은 없다

수업은 우리 자신이 세계 평화의 필수적인 도구이며, 우리의 생각과 행동이 우리가 경험하는 평화의 깊이와 우리가 공유하는 평화의 분포 범위를 정한다고 설명한다. 우리가 기꺼이 배우고, 가르치고, 베풀 때, 특히 우리가 용서할 때 우리는 평화의 전령이 된다.

수업은 용서의 중요성을 강조한다는 점에서 다른 영적인 여정과 다르다. 수업은 우리 자신과 다른 사람들에 대한 용서가 우리의 관계를 왜곡시키고 관계에서 평화를 경험하지 못하게 하는 방해하는 두려움, 분노, 기타의 장애물들을 제거하는 데 결정적이라고 설명한다.

가르치는 것이 곧 배우는 것이다

평화를 갖는 유일한 길은 평화를 가르치는 것이다.
너는 평화를 가르침으로써 평화를 배워야한다.

가르치고 배우는 상황에서,
각자는 주는 것과 받는 것이 같다는 사실을 배운다.
그들의 역할, 마음, 육체, 욕구, 이해관계,
그밖에 서로를 떼어놓는다고 여기는
모든 차이 사이에
그들이 그어놓은 경계선은
점차 희미해져 사라진다.

좋은 교사는
근본적인 변화만이 지속된다는 것을 알지만,
그 단계에서 가르침을 시작하지 않는다.
그들의 첫째 목표요, 최우선 목표는
변화의 동기를 강화하는 것이다.
그것은 좋은 교사의 최후 목표요, 최종 목표이기도 하다.
변화를 보장하기 위해 교사가 해야 할 일은

학습자에게 변화의 동기를 강화하는 것이 전부다.
동기의 변화는 마음의 변화이고,
마음이 근본이기에
이는 필연적으로 근본적인 변화를 가져온다.

과거에 배운 것이
너를 행복하게 하지 못했다는 사실만 보더라도
그것은 잘못된 것을 가르쳤음이 분명하다.
이 한 가지만 보더라도
그것의 가치를 의심해야 한다.

과거에 배운 것들을 지나
앞으로 배워야 할 것으로 넘어가지 않는다면
시간만 허송할 뿐임을 알라.

현명한 교사는 회피가 아닌 접근을 통해 가르친다.
다치지 않기 위해 피해야 할 것을 강조하기보다는,
기쁨을 누리기 위해 배워야 할 것을 강조한다.

교정하고 배우라. 그리고 배움에 열려 있으라.
진리는 네가 만든 것이 아니지만
여전히 너를 자유케 한다.

주는 것이 받는 것이다

평화를 가지려면 평화를 주어라.

선물은 평가다.
선물을 주는 사람과 받는 사람에 대한 평가.

너는 너 자신을 완전하게 내어줄 수 있다.
조금도 잃지 않고 오직 얻으면서.
여기에는 아무런 갈등이 없기에
여기에 평화가 있다.

모두에게 평화를 주는 자는
세상이 파괴할 수 없는 집을
천국에서 발견하였다.
집은 매우 넓어
그 평화 속에 세상을 담고도 남는다.

오늘 우리는 모든 이에게 평화를 주고,
평화가 얼마나 신속히 우리에게 돌아오는지 보기로 한다.

나는 오직 진정으로 도움이 되기 위해 여기 있다.

모든 것에 용서가 깃들게 하기 위해

용서가 아니라면
어디에서 평화가 생겨나겠는가?

용서는 실재가 아닌 것만을 제거한다.
세상에서 그림자를 걷어내고,
온유 속에 새롭고 순결한 지각의 밝은 세상으로 안전하고 확실하게 세상을 옮긴다.
이제 너의 목적은 거기에 있다.
평화가 너를 기다리는 곳도 그곳이다.

용서의 눈으로 세상을 바라보라.
용서는 문자 그대로 비전을 바꿔,
실재세상을 보게 한다.
그것은 고요하고 부드럽게 혼돈을 가로질러,
너의 지각을 왜곡해서 과거에 고착시켰던 모든 허상을 제거한다.

용서한다는 것은
다만 과거에 주고받은 사랑의 생각만을 기억하는 것이다.

사랑의 생각 외의 나머지는 모두 잊어야 한다.

용서가 필요한 것은
형제를 원망하며 품었던 허상이 전부이다.

형제에게 용서를 주지 않는다면
너는 형제를 공격하였다.
너는 그에게 무無를 주었고
따라서 네가 준 것을 받는다.

너는 네가 용서하지 않은 사람들을 두려워한다.

조금만 용서하지 않을 수는 없다.
이런 이유로 공격하고 저런 이유로 사랑하면서
용서를 이해하기란 불가능하다.

네가 용서한 사람은 자유롭고,
너는 네가 준 것을 함께 나눈다.
형제가 자신이 범했다고 여기는 죄와
네가 본다고 생각하는 그의 모든 죄를 용서하라.

용서는 너와 네 형제 사이를 가로막고 있는 것을 없앤다.
용서는 형제와 떨어지지 않고 하나가 되고 싶다는 염원이다.

용서하는 사람은 치유된다.
그의 치유는
그가 진실로 용서했고
자신을 포함한 모든 생명을
조금도 정죄하지 않음을 보여주는 증거다.

사랑에 길을 내어주어라.
너는 사랑을 창조하지 않았지만
사랑을 확장할 수 있다.
지상에서 이는 형제를 용서하여
너의 마음에서 어둠이 걷히게 한다는 것을 의미한다.

너는 얼마나 기꺼이 형제를 용서하고 싶은가?
끝없는 투쟁과 불행과 고통 대신 얼마나 평화를 열망하는가?
이것은 형태만 다를 뿐 같은 질문이다.
용서가 곧 너의 평화다.
위험과 파괴의 꿈 그리고 분리의 종말이 여기에 있다.

형제에게 용서받을 자격이 있다고 볼 수 있다면,
너에게도 용서받을 권리가 있음을 배운 것이다.

네게 청하는 것은
용서를 고통에 대한 자연스러운 반응으로 보라는 것뿐이다.
오류에 기반을 둔 고통은 곧 도와달라는 요청이기에

용서만이 제정신인 반응이다.

용서하지 않는다면,
마음은 자신을 헛되다고 믿으며 사슬에 묶여 있다.
용서하게 되면,
어둠의 꿈으로 밝은 빛이 드리운다.

용서하지 않는 마음은 두려움으로 가득 차,
사랑이 자기 자신으로 존재하고
평화롭게 날개를 펼쳐
세상의 소요 위로 비상하는 공간을 주지 않는다.
용서하지 않는 마음은 슬픔 속에 잠겨 있다.
고통이 중단되거나 고통에서 해방된다는 희망도 없이
어둠 속에서 사방을 두리번거리며,
어딘가에 보이지 않는 위험이 도사리고 있다고 확신하면서,
괴로워하고 비참해한다.

용서하지 않는 생각은
자신의 판단을 의심하지 않는다.
그 판단이 진실이 아님에도 불구하고.
용서하지 않는 생각은
투사의 사슬을 단단히 조여 보호하며,
왜곡은 더욱 두텁게 가려져 더욱 모호해지고,
의문을 품는 것은 더욱 힘들어지고

이성과는 더욱 멀어진다.

용서하지 않는 생각은 할 일이 많다.
목표를 향해 미친 듯이 돌진하며,
진로에 방해가 된다고 여겨지면
무엇이든 왜곡하고 뒤집는다.
왜곡은 그것의 목적이자 목적을 달성하는 수단이다.
그것은 자신의 관점과 상반되는 듯이 보이면
전혀 관심을 두지 않고,
실재를 쳐부수기 위해 맹렬히 돌진한다.

반면 용서는 가만히 있어 아무것도 하지 않는다.
용서는 실재의 어느 일면도 거스르지 않으며,
자신이 좋아하는 모습으로 뒤틀려고 하지도 않는다.
용서는 그저 바라보고, 기다리며, 판단하지 않는다.

괴로움은 어떤 형태이든
용서하지 않는 생각을 숨기는 데 실패하지 않는다.
그러나 용서가 치유할 수 없는 고통도 있을 수 없다.

용서는 고통이 끝나고, 상실이 불가능해지며,
분노가 무의미한 세상을 보여준다.
공격은 사라지고, 광기는 종말을 맞는다.

두려움은 정죄하고 사랑은 용서한다.
그러므로 용서는 두려움이 만든 것을 해제한다,

오늘 우리는 더 이상 결합의 시간을 미루지 않도록
진정한 용서를 실천한다.

자신을 용서하고
자신이 누구인지 기억했을 때,
만나는 모든 사람과 보이는 모든 것을 축복할 것이다.

세상으로 평화를 가져오기

이 세상은 너의 평화에 많은 기여를 하고,
너의 용서를 확장할 많은 기회를 제공한다.
평화와 용서가
자신들에게 빛을 밝혀주기를 보고 싶어 하는 이들에게는
그것이 세상의 목적이다.

너는 세상을
고통에서 해방하는 임무를 맡고 있다.

세상을 정죄에서 구원하는 계획에서
네가 맡은 역할은
너 자신이 해방되는 것이다.

세상은
네가 자신이 자유롭다는 사실을 인식했을 때 베푸는
자유를 기다린다.

해방되기 위해 너의 축복만을 기다리는 세상에서

네가 분노할 이유가 있겠는가?

용서가 완성될 때까지는
세상은 목적이 있다.
세상은
용서가 태어나고 자라서 더욱 강건해지고 모두를 포용하게 되는 집이 된다.
용서가 필요한 곳은 여기이므로 용서는 여기서 양육된다.

우리는 그 모두를 용서하고,
세상이 우리에게 했다고 여겼던 모든 일의 책임에서
세상을 사면할 것이다.
세상을 우리가 원하는 대로 만든 것은
바로 우리 자신이기 때문이다.

모든 것이 용서받고 평화가 부드럽게 비추는 세상은
보복과 살해, 잔인한 공격에서 일어난 증오의 세상을 보는 자는
상상조차 할 수 없다.
마찬가지로 증오의 세상은
내면에서 하나님의 사랑을 느끼는 자는
볼 수 없고 상상 조차할 수 없다.
그들의 세상은
그들 내면의 빛나는 고요와 평화,
그들이 보는 온유와 결백을 반영하며,

끝없이 샘솟는 내면의 기쁨을 반영한다.
그들은 내면에서 느낀 것을 바라보며,
어디서나 그것의 확실한 반영을 본다.

무엇을 보려는가?
선택권은 너에게 있다.
그러나 잊지 말라.
내면에서 느끼는 것을 보게 된다는 법칙을
미움이 가슴에 자리를 잡는다면,
죽음의 앙상한 손아귀에 무참히 붙잡힌 두려운 세상을 볼 것이다.
내면에서 하나님의 사랑을 느낀다면,
자비와 사랑의 세상을 볼 것이다.

적이 없고
네가 무력하지 않은 세상을 보기로 선택한다면,
그 세상을 보는 수단이 너에게 주어진다.

세상은 더 이상 우리의 적이 아니다.
우리는 세상과 친구가 되기로 했다,

나의 용서는 세상을 치유하고
 세상과 함께 나를 치유하는 수단이다.
그러므로 세상을 용서하여
세상이 나와 함께 치유되게 하자.

8

평화의 선물

너는 치유를 건넬 때
너 또한 치유를 받았음을 이해한다
너는 용서를 건넬 때
너도 용서받았음을 받아들인다
너는 형제를 자신으로 인식하고
그리하여 너의 전일성을 지각한다

우리가 평화를 환대할 때, 평화는 한 아름 선물을 가져온다. 선물에는 치유와 자유와 사랑도 들어있다. 평화와 마찬가지로 평화가 주는 선물들도 혼자서는 간직할 수 없다. 그것이 우리의 소유임을 인식하려면 선물을 사람들과 공유해야 한다.

치유

판단하지 않고 치유하기로 선택한 사람에게는
평화가 오기 마련이다.

치유하고 치유되겠다는 결정은
네가 진정으로 원하는 것을 인식하는
첫걸음이다.
공격은 이 인식에서 한걸음 물러서게 하고,
치유의 생각은 이 인식을 끌어당긴다.

평화와 진리가
전쟁과 헛된 상상의 자리를 차지할 때,
치유의 섬광이 너의 열린 마음을 가로질러 빛나리라.

치유란
깨어남에 대한 두려움에서 해방되는 것이며,
깨어나기로 결정을 바꾸는 것이다.
깨어나겠다는 결정은 사랑하겠다는 의지를 반영하니,
치유는 두려움을 사랑으로 대체하기 때문이다.

파괴된 것을 치유하고,
분리와 병으로 황폐해진 것을
온전하게 만드는 일에 동참하려는가?
너는 형제와 함께
세상에서 가장 거룩한 역할을 맡으라는 부름을 받았다.
한계가 없는 이 역할만이
조각난 성자단 모두에게
치유하고 결합하는 위로를 가져온다.

너는 전일全―하게 할 때
전일해진다.

그 누구에게도 치유받기를 요구할 수 없다.
하지만 자신이 받아,
받은 치유를 베풀 수는 있다.
누가 갖지 않은 것을 줄 수 있겠는가?
누가 스스로 거부한 것을 공유할 수 있겠는가?

네가 치유한 이들은
네가 치유되었음을 입증하니,
너는 그들의 전일에서 너의 전일을 볼 것이기 때문이다.

우리는 치유의 근원을 찾고자 한다.
치유의 근원은 우리 마음에 있다.

그것은 우리 자신만큼이나 우리 가까이에 있다.
그것은 우리 생각만큼이나 우리 가까이 있고,
잃을 수 없을 만큼 가까이 있다.
그것은 우리가 구하기만 하면 찾게 되어 있다.

치유를 세상으로 가져오고,
저주를 축복으로, 고통을 기쁨으로,
분리를 하나님의 평화로 바꿀 수 있도록
우리의 마음이 치유되게 하는 것이 우리의 기능이다.

가슴은 평화로 충만하고,
용서의 목적이
온 몸을 가득 채운다.
이제 나의 마음은 치유되었다.

자유

누군가를 가두면서
자신은 자유로울 수 있겠는가?
간수는 죄수와 함께 묶여있기에
자유롭지 않다.

세상을 둘러보고,
세상의 괴로움을 보라.
너의 가슴은 지친 형제들에게
기꺼이 안식을 가져다주지 않으려는가?
그들은 네가 풀려나기를 기다려야 한다.
그들은 네가 자유롭게 될 때까지
사슬에 묶여 있다.
그들은 네가 네 안에서 세상의 자비를 찾을 때까지
세상의 자비를 볼 수 없다.

너의 자유에 세상의 자유가 놓여있다.

너는 세상의 모든 속박에서 벗어나고,

네가 찾은 해방을 세상에 줄 수 있다.
너는 세상이 잊은 것을 기억하고,
너의 기억을 세상에 줄 수 있다.

우리가 자유를 줄 때,
자유가 우리에게 주어집니다.

사랑

솔직히 '미워한다'는 말보다 '사랑한다'고 말하기가
더 어렵지 않은가?
너는 사랑을 약함과 연결하고
증오를 강함과 연결하기에
너의 진정한 힘이 네게는
진정한 약점처럼 보인다.
사랑의 부름을 듣는다면
너는 너무 기쁜 나머지 답하지 않을 수 없다.

너는 전체적인 사랑을 주지 않기에
완전하게 치유되지 않는다.

사랑은 언제나 답한다.
사랑은 도와달라는 요청을 거부할 수 없고,
이 이상한 세상 곳곳에서 울부짖는 통곡을 듣지 않을 수도 없다.

사랑의 반대는 두려움이나,
모든 것을 포용하는 것에는

반대가 있을 수 없다.

완전한 사랑은 두려움을 몰아낸다.
두려움이 있다면,
거기에는 완전한 사랑이 없다.

기쁨으로 충만하지 않을 때는 언제나
누군가에게 사랑 없이 반응했기 때문이다.

너는 네 안에 완벽한 사랑이 있다는 사실을 받아들이지 않기에,
자신을 거의 믿지 않는다.
그리하여 밖에서 찾을 수 없는 것을
밖에서 구한다.

누구나 너처럼 사랑을 추구하지만,
너와 함께 찾지 않으면
사랑을 알지 못한다.

사랑을 끌어당기는 사랑의 힘은
여전히 저항할 수 없다.
사랑이 하는 일은
만유를 자신과 결합하고,
자신의 전일을 확장하여
그 모든 것을 하나로 붙드는 것이기 때문이다.

네가 형제를 해방하면
너 자신이 해방된다.
이를 잊지 말라.
잊는다면
사랑이 너를 찾아 평안을 줄 수 없다.

사랑은 네게 영원한 평화를 주기 위해
두 팔을 활짝 벌렸다.

사랑은 알려지고,
완전하게 이해되고, 공유되기를 원한다.
사랑은 비밀이 없고,
아무것도 따로 숨기려 하지 않는다.

사랑은 힘을 추구하지 않는다.
사랑은 관계를 추구한다.

진리는 무지와 싸우지 않으며,
사랑은 두려움을 공격하지 않는다.

사랑은 적이 있을 수 없다.

사랑을 두려워 말라.
사랑만이 모든 슬픔을 치유할 수 있다.

어둠과 기만으로 세운 사랑의 불모지에서
네가 맡은 사랑의 역할을 저버리지 말라.
네가 너의 역할을 완수할 때
어둠과 기만이 해제된다.

지상에서 가장 거룩한 곳은
태고의 증오가 현재의 사랑으로 변한 자리다.

사랑은 감사로 가득 찬 마음과
멀리 떨어질 수 없다.

가슴에 사랑을 맞이하면
두려움은 있을 곳이 없다.

우리는 더 이상 속지 않는다.
이제 우리는 다시 사랑을 의식한다.
두려움은 사라지고 사랑만이 남아,
우리는 다시 평화에 머문다.

사랑은 원망을 품지 않는다.
모든 원망을 놓아줄 때
내가 완벽하게 안전하다는 것을 알게 되리라.

9

열려있는 평화의 길

평화를 위해 길을 내어라
그러면 평화가 올 것이다

평화로 가는 길은 열려있으나, 그 길을 따를 것인지 우리는 선택해야 한다. 수업은 우리의 최종 선택은 확실하다고 말한다. 우리는 진정으로 평화를 깊이 열망하며, 평화가 아니라면 오직 고통과 갈등의 꿈속에 남을 수밖에 없기 때문이다. 물론 선택을 미룰 수는 있다. 그러나 우리의 선택에 세상의 안녕과 평화가 놓여있고 모두가 마음껏 평화를 누릴 수 있는데, 선택을 지체할 이유가 있겠는가.

평화로 가는 길은 열려있다

여기 세상이 침범할 수 없는 침묵이 있다.
여기 잃어버리지 않고,
네 가슴에 품어 온
태고의 평화가 있다.

평화는 영이 타고난 유산이다.
누구나 유산을 거부할 자유는 있지만
유산을 결정할 자유는 없다.

평화와 이해는 언제나 동행하며
결코 하나만 발견될 수 없다.

강함과 결백은 상충하지 않는다.
그 둘은 평화롭게 공존한다.

무기를 내려놓고, 방어 없이 나아오라.
마침내 천국의 평화가 만유를 고요히 품은
조용한 이곳으로.

위험과 두려움에 대한 모든 생각을 내려놓고,
어떠한 공격도 너와 함께 들어오지 못하게 하라.

오직 이 고요에 힘과 권능이 있다.
여기에는 공격이 없고
따라서 허상이 없기에,
여기로는 약함이 들어갈 수 없다.

평화는 하나님께 속한다.
하나님의 부분인 네가
하나님의 평화에 있지 않다면
너는 집에 있지 않는 것이다.

평화에 머무르라.
하나님이 네가 거기에 머무르기를 바라신다.

하나님은 오직 평화 속에 있는 너를 아시니,
그것이 너의 실재다.

하나님의 평화가 고요하게 너를 감싼다.
하나님은 매우 고요하시다.

평화롭게 형제들을 바라보라.
너의 선물이 고마워

하나님이 단숨에 너의 가슴으로 달려오시리라.

오직 과거에서만
하나님의 평화는 너의 이해를 뛰어넘는다.
그러나 하나님의 평화는 여기 있기에,
너는 지금 이해할 수 있다.

"하나님의 평화를 원한다."
입술로만 이렇게 말하는 것은 아무것도 아니다.
그러나 이를 진심으로 뜻하는 것은 모든 것이다.
진심으로 이를 말하고도 치유되지 않을 자는 없다.
그는 꿈 놀이를 할 수 없고,
자신을 꿈이라 여길 수도 없으며,
지옥을 만들어 실재라고 여길 수도 없다.
그는 하나님의 평화를 원하고,
따라서 하나님의 평화가 그에게 주어진다.
그가 원하는 것은 그것이 전부이며,
그것이 그가 받을 전부이다.
이를 입술로만 말한 사람은 많았지만,
진심으로 의미한 사람은 매우 적었다.
얼마나 적었는지 확인하려면
주변 세상을 둘러보기만 하면 된다.

우리는 하나님의 평화를 원한다.

하나님의 평화는 헛된 염원이 아니다.
이는 다른 꿈을 달라는 요청이 아니다.
이는 타협을 청하거나,
거래가 실패한 곳에서 아직 하나가 성공할 수 있다는 희망으로
또 다른 거래를 시도하는 것이 아니다.
하나님의 평화를 원한다고 진심으로 말하는 것은
허상이 헛됨을 인정하고,
변화무쌍한 꿈들 대신 영원한 것을 요청하는 것이다.
꿈이 제공하는 것은 바뀌는 것 같지만
무無 라는 점에서 똑같다.

"하나님의 평화 외에 다른 평화는 없다."
더 이상 구하지 말라.
하나님의 평화 외에는 평화를 찾을 수 없다.
이 사실을 받아들이라.
그리하면 더 쓰라린 실망, 처절한 낙담,
냉담한 절망과 의심의 느낌보다 더한 아픔에서
너 자신을 구한다.
더 이상은 구하지 말라.
불행과 고통을 구하는 게 아니라면
하나님의 평화 외에 찾아야 할 것이 없다.

3부

치유의 선물

1

치유의 열망

이 세상에서
너의 역할은
치유이다

우리 몸의 건강과 이 세상의 상태는 우리가 무엇을 열망하고, 어떠한 방어막을 세웠으며, 무엇을 상상하고, 무엇을 두려워하는지를 반영한다. 치유되기를 원한다면 건강하지 않은 동기를 내려놓고 치유의 열망을 가져야한다. 또한 우리는 서로를 분리시키는 정신적 습관, 예를 들면 분노와 공격과 자신이 특별한 존재라는 생각들도 내려놓아야 한다. 사실 우리가 앓고 있는 병은 이 분리감이다.

치유의 결정

치유하고 치유되겠다는 결정은
진정으로 원하는 것을 인식하는 첫걸음이다.
공격은 이 인식에서 한 걸음 물러서게 하고,
치유의 생각은 이 인식을 끌어당긴다.

치유된다는 것은
하나의 목표를 추구하는 것이니,
너는 오직 이 하나를 받아들였고
그것만을 원하기 때문이다.

너의 염원과 무관하게
이롭거나 해로운 것은 없다.
그것이 네게 준 결과는
네가 원했던 결과이다.

치유를 열망했을 때
받지 못할 기적은 없다.
하지만 원하지도 않는데

주어지는 기적도 없다.

이 땅에서 너의 기능은 치유다.
네게 다른 기능이 있다고 믿는 한,
너는 교정이 필요하다.
그 믿음은 평화를 파괴하기 때문이다.

치유를 위협으로 여기면 치유는 항상 물러선다.
치유를 환영하는 순간 치유는 거기에 있다.
치유는 주어진 곳에서 받아들여진다.

너는 형제와 함께
세상에서 가장 거룩한 역할을 맡으라는 부름을 받았다.
유일하게 한계가 없는 이 역할만이
조각난 성자단 모두에게
치유하고 결합하는 위로를 가져다준다.
바로 이 위로가
너의 거룩한 관계에서 너에게 주어진다.
여기서 이 위로를 받아들여라.
그리하면 너는 받은 대로 줄 것이다.

그렇다면, 네게는 해야 할 역할이 있다는 것으로 충분하다.
역할을 완수하기 전에는
결말을 모를 수밖에 없다.

그것은 문제되지 않는다.
나머지 모든 역할이 여전히
너의 역할에 달려 있기 때문이다.

치유의 조건

병이 분리된 마음의 결과라면,
치유는 결합한 마음의 결과다.

도와달라는 간청을
있는 그대로 지각할 용의가 없다면,
이는 기꺼이 도움 주고 도움 받기를
꺼려하기 때문이다.
도와달라는 요청을 인식하지 못하는 것은
도움 받기를 거절하는 것이다.
너는 네게는 도움이 필요 없다고 주장하려는가?
형제의 호소를 인식하기를 거부할 때
너는 그렇다고 주장하는 것이니,
너는 오직 형제의 호소에 답함으로써
도움을 받을 수 있기 때문이다.

너는 자신에게 필요하다고 해석한 것을
형제에게 필요한 것으로 해석한다.
너는 형제를 도움으로써 도움을 청한다.

누군가에게 그가 가고 있는 방향을 알려주는 것이
도움이 될 수 있겠지만,
방향을 바꾸도록 도와주지 못한다면
의미가 없다.
치유되지 않은 치유사는 자신의 방향을 바꿀 수 없기에
환자의 방향도 바꿔줄 수 없다.
치유사가 유일하게 기여할 수 있는 것은
자신을 위해 방향이 바뀌게 된 자,
더 이상 그 어떤 악몽도 실재라고
믿지 않는 자의 예를 보여주는 것뿐이다.

치유는 치유사 안에서 모두가 그와 공유하는 것만을 지각한다.

치유는 특별함을 전혀 보지 않는다.
치유는 동정에서 오지 않는다.
치유는 사랑에서 온다.

기적이 치유하러 온 곳에는 슬픔이 없다.
더도 말고 단 한순간
너의 공격 없는 사랑으로
이 모든 일이 일어난다.
그 한순간에 네가 치유되고,
바로 그 한순간에 모든 치유가 이루어진다.

치유는 우리의 결합된 뜻을 반영한다.
치유의 목적을 숙고해보면 이는 분명하다.
치유는 분리를 극복하는 길이다.

너는 너에게 치유가 필요하다는 것을 배웠다.
이를 인식하고도 치유 외의 다른 것을 성자단으로 가져가려는가?

치유의 기적을 받아들이라.
그러면 기적은 그 본성 때문에
확장되어 나아간다.
기적은 태어나는 순간
자신을 확장하는 것이 본성이다.
기적은 기적이 주어지고 받아들이는 순간
탄생한다.
그 누구에게도 치유를 받으라고 요구할 수 없다.
하지만 자신이 치유 받고,
받은 것을 다른 사람에게 줄 수는 있다.
누가 갖지 않은 것을 줄 수 있겠는가?
누가 자신에게 부인한 것을 공유할 수 있겠는가?

네가 오직 치유되기만을 원할 때
너는 치유할 수 있다.
너의 단일한 목표가 이를 가능하게 한다.
그러나 네가 치유를 두려워하면

치유는 너를 통해 일어날 수 없다.
치유의 유일한 필수 조건은
두려움이 없어야 한다는 것이다.
두려워하는 자는 치유되지 않았고,
따라서 치유할 수 없다.
이는 치유하려면
갈등이 마음에서 영원히 사라져야 한다는 말은 아니다.
만일 그랬다면 치유는 필요 없었을 것이다.
이는 한순간이라도 공격 없이 사랑한다는 의미다.
한순간이면 충분하다.
기적은 시간에 구애받지 않는다.

치유되는 것이
치유하는 유일한 길이다.

치유된 자는
치유를 일으키는 도구가 된다.

서로 치유하기

치유는 협업이다.

누구든 혼자 치유되는 것은 불가능하다.
병든 사람은 따로 떨어져 있다.
하지만 치유는 다시 하나가 되고,
진정한 자아를 받아들인다는 결정이다.

형제를 저버리지 말라. 너 자신을 저버리는 것이다.
형제는 너의 일부요,
너는 형제의 일부임을 알 수 있도록
그들을 사랑으로 바라보라.

형제의 안식은 네게서 올 수 있다.
그들이 보고 기뻐할 세상은
네게서 떠오를 수 있다.
그들 모두에게로 확장하여
그들을 온유와 빛으로 감싸는 비전이
네 안에 있다.

어쩌면 너와 함께 치유되는 이들을
너는 모두 인식하지 못할지도 모른다.
어쩌면 너는 치유를 네게 오게 했을 때
온 세상에 주는 너의 선물이 얼마나 엄청난 지
모를지도 모른다.

용서하고, 형제와 자신에게 구원을 선사할 수 있도록,
너 자신이 치유되게 하라.

네가 치유되어 형제도 고통에서 구원되며,
형제의 안녕을 바랐기에 너도 치유된다.

너의 치유는 곧 형제의 치유를 증언하며,
형제의 치유와 별개일 수 없다.

형제에게 주도록 네게 주어진 것을
단 한순간만 기쁘게 받아,
형제와 함께 너희에게 주어진 것을 배우라.

형제의 안전이 곧 너의 안전이며,
형제가 치유될 때 네가 치유됨을 이해할 것이다.

형제가 정신 나간 행동을 할 때
너는 형제에게서 제정신을 지각함으로써만

그를 치유할 수 있다.

네가 할 일은 치유됨으로써
그의 죄는 다만
의미 없는 꿈의 뼈대에 지나지 않음을 보여주는 것이다.

너는 태곳적 여행길의 끝에 이미 도착했지만,
여행이 끝났음을 아직 모른다.
너는 여전히 지쳐 있고,
사막의 먼지가 너의 시야를 가로막는 듯이 보인다.
하지만 네가 영접한 성령이 네게 왔고,
그가 너를 영접할 것이다.
그는 오랜 세월 너를 영접하기 위해 기다려왔다.
그는 네가 그를 알기를 원하니,
그의 영접을 받으라.
먼지로 세운 작은 벽만이
너와 형제 사이를 막고 있다.
즐거이 웃으며 가볍게 벽을 불어버리라.
벽은 무너질 것이다.
이제 사랑이 너희를 위해 예비한 동산에 들라.

형제를 너 자신으로 보라.
너의 관계는 이제
지친 이들이 안식하는

치유의 사원이 되었다.

너를 과거에 묶어두기 위해
그 어떤 관계도 이용하지 말고,
모든 날 모든 관계에서 새로 태어나라.
일분, 아니 그보다 더 짧아도
너 자신을 과거에서 해방하기에 충분하다.

진리가 우리에게 가리키는 길을
우리 함께 따라 가자.
그리하여 그 길을 구하지만
아직 찾지 못한 수많은 형제들을 인도하자.

우리는 서로의 길을 밝혀주며
두려움의 장막을 넘어간다.
우리 집이 내면에 있듯
우리를 이끄는 거룩함도 내면에 있다.

2

병의 꿈

세상은 참으로 용서가 필요하지만
이는 이 세상이 허상의 세상이기 때문이다

수업은 두려움이 우리가 꾸는 꿈의 원인이자 결과라고 설명한다. 두려움은 지금의 현실이 아닌 상상된 미래에 기반을 둔 허상이다. 다른 허상들과 마찬가지로 두려움도 자신이 일으키는 지각의 왜곡 뒤에 자신의 비실재성을 감춘다. 우리는 오직 모든 허상들을 주의 깊게 관찰할 때 허상의 왜곡과 비실재성, 무력함을 인식할 수 있다.

허상의 장막

치유란 지식을 가로막는 모든 장애물을
제거하는 것이 아니겠는가?
허상을 드러내어 직시하지 않는다면
허상을 몰아낼 길이 있겠는가?
그러므로 두려워 말라.
네가 보게 될 것은
두려움의 근원이지만,
두려움이 실재가 아니라는 것을
너는 배우기 시작했다.

허상은 오직 두려움에서 온다.
다른 것에서 올 수 없다

그 어떤 허상도,
허상을 초월하여 멀리 떼어놓은 마음을
끌어당길 수 없다.

여전히 우상을 보더라도 원하지 않는다면

얼마나 쉽게 우상이 사라지는가.
우상이 아무것도 아니며, 어디에도 없고,
목적도 없다는 것을 이해했을 때,
마음은 얼마나 기꺼이 우상을 놓아주겠는가.

그러므로 우상은 너의 정체를
하나님의 마음이 아니라
너의 마음에게 숨긴다는 사실을 잊지 말라.

치유에 난이도가 있을 수 없는 이유는
단지 모든 병이 허상이기 때문이다.

감사하라.
진리와 아름다움이 너를 기다리는 곳이 있음에.
즐거이 나아가 그들을 맞이하라.
그리하여 얼마나 많은 것이 너를 기다리고 있는지 배우라.
무無는 아무것도 아니라서 버리겠다는
너의 단순한 용의를.

진리를 꿈과 허상에서 분리하는
간격이란 존재하지 않는다.
진리는 모든 장소와 모든 시간을 채우기에
진리는 언제 어디서고
꿈과 허상의 자리를 남기지 않는다.

분리가 곧 병이다

네가 지각하는 세상은 분리의 세상이다.

분리란 실재를 잘못 표현한 것일 뿐,
아무런 결과가 없다.

분리는 절망이라는 허상에 지나지 않는다.

네가 꾸는 분리의 꿈을
합일의 사실로 대체하라.
분리는 다만
합일의 부인에 지나지 않고,
바르게 해석한다면
합일이 진리라는 너의 영원한 지식을 증언한다.

병든 사람은 자신이
하나님과 분리되어 있다고 지각한다.
너도 그를 너와 분리되어 있다고 보려는가?
그를 병들게 한 분리감을

치유하는 것이 너의 임무다.
그가 자신에 대해 믿는 바가
진실이 아님을 인식하는 것이 너의 역할이다.
너는 용서로써
그것이 진실이 아님을 보여줘야 한다.
치유는 매우 단순하다.

육신이 병든 것이 아니다.
병든 것은 마음이다.

병이란 마음이 자신의 목적을 위해
몸을 이용하기로 한 결정임을
받아들이는 것이 치유의 토대이며,
이는 모든 형태의 치유에 해당된다.
환자가 그것이 사실이라고 결정하면,
그는 회복되며,
회복을 거부하기로 결정하면 치유되지 않는다.
누가 의사인가?
의사는 오직 환자 자신의 마음이다.
결과가 무엇이 될지는 그가 결정한다.

치유하려면 병이라는 허상의 목적을
이해해야 한다.
이해하지 못하면

치유는 불가능하다.

너는 하나님의 뜻을 알기를 두려워하는데
그 이유는 하나님의 뜻을
너의 뜻이 아니라고 믿기 때문이다.
이 믿음이 너의 모든 병이요,
너의 두려움이다.
이 믿음 때문에 너는 알고 싶어 하지 않게 되고,
이로 인해 두려움과 병의 모든 증상이 일어난다.
그것을 믿기에 너는
네 안에 빛이 있음을 부인하게 되었고
어둠 속에 숨는다.

평화를 받아들이는 것은
허상을 부인하는 것이며,
병은 곧 허상이다.

침묵과 기쁨 속에 경청하라.
오늘은 우리가 치유되는 날이다.
오늘은 분리가 끝나는 날이다.
오늘은 우리 자신이
진정 누구인지 기억하는 날이다.

몸의 한계

몸은 상징이다.
몸은 네가 자신으로 생각하는 너를 상징한다.

네가 몸을 한계의 상징으로 만들었다.
너는 마음이 그 한계를 바라보고 간직하기를 원했던 것이다.

네가 몸을 이용해서 공격한다면
몸은 너에게 해가 된다.
네가 몸을 이용해서 마음에 다가가
자신을 몸이라고 믿는 이들에게 그들의 믿음이 사실이 아님을 가르친다면,
너는 네 안에 있는 마음의 힘을 이해하게 될 것이다.

병은 육체가 고통에 시달리도록
몸에 퍼부은 분노다.

너는 병들지 않았고 죽을 수 없다.
그러나 너는 병들고 죽는 것을 너로 혼동할 수 있다.

"나는 몸이 아니다. 나는 자유롭다."
이를 받아들이고, 명심하는 것이
이 수업의 진전에 필수이다.
이 관념이 에고에게
정신 나간 소리로 들리는 것에 개의치 말라.
에고는 몸 안에 살고,
자신이 만든 집과 하나가 되어 살기에
몸을 소중히 여긴다.
몸은 에고 자체가 허상임이
탄로 나지 않도록 보호해온
허상의 일부이다.

에고는 육체를
공격과 쾌락과 자랑거리로 삼는다.
정신 나간 이 지각이
육체를 참으로 두려운 것으로 만든다.
성령은 오직 육체를
소통의 수단으로만 본다.
소통은 곧 공유이기에
영적 교감이 된다.

몸을 오직, 마음들을 결합하여
우리의 마음과 하나 되게 하는 수단으로 간주하라.
몸에 대한 이 해석이 몸의 가치에 대해

너의 마음을 완전히 바꿀 것이다.

결합에 기여하는 몸은
교감을 알리는 아름다운 가르침이 되며,
교감이 이루어질 때까지 가치가 있다.

치유는 몸을 오직
소통을 위해서만 사용한 결과다.

몸을 소통수단이 아닌 다른 무엇으로 본다면
몸은 마음을 제한하고 너를 다치게 한다.

몸은 너를 제한하지 않는다.
마음이 몸을 한계로 해석하지 않고 넘어선다면
몸을 통해 마음을 드러낼 수 있다.
다른 사람을 몸에 국한하거나 몸으로 제한된다고 볼 때
너는 자신에게도 똑같은 한계를 부여한다.
배움의 유일한 목적은 한계를 초월하는 것인데,
너는 한계를 받아들이고자 하려는가?

진리를 위해 몸을 쓰라.
그리하면 진정으로 몸을 보게 된다.
몸을 오용한다면 몸을 오해할 것이다.

건강은 사랑 없이 몸을 이용하려는 모든 시도를 내려놓은 결과다.

마음은 몸 안이 아니라 몸을 통해 일할 때
도움을 주고 치유하는 것이 통상적인 표현이다.

마음은 몸을 치유하지만
몸은 마음을 치유할 수 없다.

육체가 더 이상 너를 끌어당기지 않을 때,
무언가를 얻는 수단으로서 육체에 아무 가치를 두지 않을 때,
소통에 장애는 사라지고
너의 생각은 하나님의 생각처럼 자유로울 것이다.

나는 몸이 아니다. 나는 자유롭다.
나는 여전히 하나님이 창조하신 그대로이기 때문이다.

네가 보는 세상

이곳은 정신 나간 세상이다.
세상의 광기를 과소평가하지 말라.
너의 지각은 세상의 광기로 속속들이 물들었다.

세상을 분리를 치유하는 수단으로 보는 법을 배우라.

치유되어라.
치유할 수 있도록.

너의 치유는 확장되고,
너는 너의 문제로 여기지 않던 문제들도 접할 것이다.

치유가 고통을 대신한다.
고통과 치유는 같은 자리에서 지각될 수 없기에 하나를 보면 남은 하나는 보이지 않는다.
네가 보는 것을 세상도 목격하고,
세상이 네가 보는 것을 입증할 것이다.
그러므로 세상이 치유되려면

너만 치유되면 된다.

너는 세상을 원치 않는다.
세상에서 유일하게 가치가 있는 것은
네가 사랑으로 보는 부분이다.
이 부분이 세상이 간직할 유일한 실재성을 부여한다.

세상의 부활은
너의 치유와
너의 행복을 기다린다.

세상은 희망의 장소가 되었으니,
세상의 유일한 목적은
행복의 희망이 이루어지는 장소가 되는 것이기 때문이다.
이 희망에 포함되지 않는 사람은 없으니,
세상의 목적은 모두가 공유하는 것이라야 한다고
세상 모두가 믿게 되었기 때문이다.

오라.
거룩한 순간으로
그리하여 치유되라.
그 순간에 받은 것은 하나도 남김없이
세상으로 가지고 돌아올 것이다.
축복받은 너는 축복을 가져온다.

죽어가는 세상에 생명을 베풀도록
생명이 네게 주어진다.

나는 치유될 때 혼자 치유되지 않는다.
나는 나의 치유를 세상과 함께 나눠,
나의 유일 자아인 하나님 독생자의 마음에서
병을 몰아내리라.

나는 오늘 용서받은 세상을 보리라.

시간과 영원

시간에서는 치유가 필요하다.
슬픔이 머무는 곳에서는
기쁨의 영원한 통치를 확립할 수 없기 때문이다.

시간에서 치유의 역할만을 받아들이라.
시간은 치유를 위해 있기 때문이다.

시간의 세상에서 너의 기능이
치유임을 받아들이면
너는 시간에서
치유가 일어날 수 있는 일면만을 강조할 것이다.
치유는 과거에서 이루어질 수 없다.
미래를 해방하는 치유는
현재에서 이루어져야 한다.
이 해석은 미래를 과거가 아닌 현재와 결부시켜, 과거가 아닌 현재를 확장한다.

시간에 대한 낡은 관념을 바꾸기란 매우 어렵다.

네가 믿고 있는 모든 것이 시간에 뿌리를 두고 있고,
그것이 유지되려면
시간에 대한 새 관념을 배우지 않아야하기 때문이다.
그러나 바로 그 점이
네가 시간에 대한 새 관념을 배워야 하는 이유이다.

시간은 다만 정신 나간 신념에 지나지 않는다.
이미 끝난 것이 지금 여기 여전히 있다는 신념

과거에 대해 유일하게 올바른 생각은
과거는 여기에 없다는 것이다.
그러므로 과거를 생각하는 것은
허상을 생각하는 것이다.

치유란 과거에서 해방되는 것이다.

과거에 대한 응징의 꿈이 빠진 환상은 없다.
너는 그 꿈을 실행하려는가, 아니면 꿈을 놓아주려는가?

네가 과거 없이 보는 사람은
너를 시간의 끝으로 가까이 데려간다.
치유된 그들의 시야는
어둠으로 치유를 가져와 세상을 눈뜨게 한다.

영원에서 지체는 문제되지 않지만
시간 속에서 지체는 비극이다.
너는 영원이 아니라
시간 속에 있기로 선택했고
따라서 네가 시간 속에 있다고 믿는다.

시간이 마음에 지속되는 한
선택 또한 있을 것이다.
시간 자체가 너의 선택이다.
영원을 기억하려면
영원한 것만 봐야 한다.
일시적인 것에 사로잡힌다면
시간 속에 살고 있다.
너는 언제나
네가 가치 있게 여기는 것을 선택한다.
시간과 영원은 서로 모순되기에
둘 다 실재일 수는 없다.
시간을 초월하는 것만 받아들일 때
영원을 이해하고,
영원을 네 것으로 만들기 시작한다.

시간 속에서 네 마음의 거울에 받아들인 반영은
영원을 앞당기거나 미룬다.
그러나 영원 자체는 모든 시간을 초월한다.

네 안에 있는 영원의 반영에 기대어,
시간에서 벗어나 영원에 도달하라.

이제 지체를 견디기가 예전보다 더 힘들 것이다.
고통에서 벗어나는 것이 가능한데
지체는 그저 지체라는 것을 알아차렸기 때문이다.

마음을 완전히 바꾸려면 얼마나 걸릴지 생각하며 낙심에 빠지려는 유혹에 흔들린다면,
"한순간이 얼마나 되는가?" 자문해보라.

한순간이 얼마나 되는가?
완전한 제정신과 완전한 평화와
모두를 향한 완전한 사랑을 다시 세우는 데 걸리는 만큼이다.

모두의 교정 작업은 전혀 시간이 걸리지 않는다. 그러나 작업을 수용하기까지는
마치 영원한 시간이 걸리는 듯 보일 수 있다.

지금은 시간에서의 해방이다.

내가 시간에서 구원될 수 있는 유일한 간격은 지금이다.
바로 이 순간,
용서가 찾아와 나를 해방하기 때문이다.

너는 미래에 있을 상실이 두려운 게 아니다
네가 두려운 것은 현재의 결합이다.
지금이 아니라면 언제 쓸쓸함을 느끼겠는가?
미래에 있을 원인은 아직 결과가 없다.
네가 두렵다면 그 원인은 현재에 있다.
그러므로 교정이 필요한 것은
현재의 원인이다. 미래 상태가 아니다.

네게 청하는 것은
미래를 풀어줘서 하나님 손에 맡기라는 것이 전부다.
그러면 과거와 현재 또한
하나님 손에 맡겼음을 경험하리니,
과거는 더 이상 너를 벌하지 않고,
미래에 대한 공포도
이제 의미가 없기 때문이다.
미래를 풀어주어라.
과거는 사라졌고,
슬픔과 비참, 상실과 고통이라는
과거유산에서 풀려난 현재는
냉혹하고 불가피한 시간의 궤도를 달리는 허상의 속박에서
시간이 풀려나는 해방의 순간이 되기 때문이다.
그리하여 하나님의 아들 안에 숨겨졌던 빛이
세상을 축복하기 위해 해방될 때,
시간의 노예였던 순간들은

거룩한 순간으로 변형된다.
이제 그는 해방되어,
그의 모든 영광은
그의 거룩함을 함께 나누기 위해
그와 함께 해방된 세상 위로 빛난다.

그렇다면 미래를 하나님 손에 맡기라.
그리하면 너는 하나님에 대한 기억을 다시 초대하고
죄악에 대한 네 모든 생각을
사랑의 진리로 대체하는 것이다.
그럼에도 세상이 얻지 못하고
그럼에도 모든 생명이
치유된 지각으로 반응할 수 없을 것이라 생각하는가?
하나님께 자신을 맡긴 자는
자신의 위안과 안전을 간구했던 손에
세상도 맡긴다.
그는 자신의 허상과 함께
세상의 병든 허상도 내려놓고,
세상과 자신에게 평화를 준다.

"나는 미래를 하나님의 손에 맡긴다."

두려움에서 믿음으로

치유란 에고가 네 안에 일으킨
위험의 느낌을 형제 안에서 인식하지 않음으로써
잊는 길이다.

두려움은 깊은 상실감의 증상이다.
네가 다른 사람의 상실감을 지각하여
채워주기를 배운다면
두려움의 근본 원인이 제거된다.
그럼으로써 너는 자신에게 가르친다,
네 안에 두려움이 존재하지 않는다는 것을.
두려움을 없애는 수단이 네게 있고,
너는 줌으로써 그것이 네게 있음을 증명하였다.

두려움도 허상의 일부이기에
허상 속에 오래 숨어 있을 수 없다.
모든 허상의 근원인 두려움은
빠져나와 또 다른 형태를 취한다.

하지만 이점을 기억해야 한다.
이 수업의 목표는
두려움에서 너를 해방하는 것이라는 것을.

너 또한 너의 두려움에 웃음을 터뜨리며
두려움을 평화로 대체할 것이다.
두려움은 실재에 있지 않다.
두려움은 실재를 이해하지 못하는 어린아이의 마음에 있다.
그들은 단지 이해하지 못해 두려워한다.
참되게 지각하기를 배우면
더 이상 두려워하지 않는다.

두려움은 보면 볼수록 점점 더 엷어지고
두려움이 감춘 것은 점점 더 명확해진다.

그렇다면 너는 단순히
무를 두려워한다고 믿을 수 있지만
사실 너는 아무것도 두려워하지 않는다.
이를 인지할 때 치유된다.

'두려워하는 치유사'란 용어상 모순이다.

누군가 몸의 손상이 두려워
몸의 치유를 간구할 수 있다.

그런데 몸이 치유되어 자신의 사고체계가 흔들리는 것이
사고체계의 신체적 표출보다 훨씬 더 두려울 수 있다.
이 경우 그는 사실 두려움에서 해방되기를 청한 것이 아니라
자신이 선택한 증상만을 없애달라고 청한 것이다.
따라서 그는 결코 치유를 청한 것이 아니다.

두려움은 기쁘게 하지 않는다.
치유가 기쁘게 한다.
두려움은 항상 예외를 둔다.
치유에는 결코 예외가 없다.
두려움은 분리를 일으켜 단절을 낳는다.
치유는 통합에서 오기에 언제나 화합을 낳는다.

형제에게 믿음을 주어라.
믿음과 소망과 자비는 네가 줄 수 있는 네 것이다. 선물은 선물을
주는 손에 주어진다.

형제를 믿는 것은 형제에게
과거에서 벗어난 해방을 선물하는 것이다.

이를 알라
믿음이 용서할 수 없는 일은 없다.
그 어떤 오류도 믿음의 고요한 시선을 방해할 수 없다.

믿음을 갖는 것이 곧 치유하는 것이다.

두려움은 모두 가버렸으니,
두려움의 근원이 사라졌고
근원과 함께 모든 두려움의 생각도 사라졌기 때문이다.
사랑이 현재의 유일한 상태로 남아 있다.

3
꿈의 원인

꿈의 세상을
꿈꾸는 자는
바로 너다

꿈의 원인이며 치료의 근원인 우리의 마음을 바꾸는 것이 우리가 꿈에서 깨어날 수 있는 유일한 희망이다. 여기에는 지각의 전환이 필요하다.

공격과 비난

도와달라는 요청을
있는 그대로 인식하지 못하게 가로막는 것은
공격이 필요하다는 너의 상상뿐이다.
오직 그 상상만으로
너는 실재와의 끝없는 '투쟁'에 뛰어들고
치유가 필요하다는 현실을 비현실로 만들어
치유의 필요성을 부인한다.
현실을 있는 그대로 받아들일 용의가 있다면
너는 그러지 않을 것이다.

치유는
판단하기를 그만둘 때 일어난다.

우리는 제정신을 회복하여,
분노는 정신이상이며,
공격은 미친 짓이고,
보복은 다만 어리석은 환상임을 이해한다.

거룩함은 그 어떤 오류든
언제나 똑같이 반응한다.
거룩함은 그 어떤 오류에도 치유로 반응한다.

밖으로 향하던 비난을 거두게 되면
비난의 화살을 안으로 돌리려는 경향이 강해진다.
이 둘이 정확히 같다는 것을
처음에는 알아차리기가 어렵다.
안과 밖은 아무런 차이가 없기에
안으로 향하든 밖으로 향하든 같은 것이다

형제가 너의 부분이라면
너의 결핍을 이유로 형제를 비난하는 것은
너 자신을 비난하는 것이다.
또한 자신을 비난하면서
형제를 비난하지 않을 수 없다.
비난을 해제해야 하는 이유가 여기에 있다.
자신을 비난하면
자신을 알 수 없으니,
오직 에고만이 비난하기 때문이다.
그러므로 자기 비난은 에고와의 동일시이며,
다른 사람에 대한 비난과 마찬가지로
에고의 방어다.

아무도 정죄하지 말고 오라.
정죄하면 너는
문이 잠겨 들어갈 수 없다고 믿을 것이다.
문은 잠기지 않았고,
하나님께서 너의 자리를 마련하신 곳에
네가 들어가지 못하는 일은 있을 수 없다.

죄책에서의 탈출

마음을 해방하라.
그토록 힘겹게 짊어진 정신 나간 죄책의 짐에서
그러면 치유는 이루어진다.

너는 오직 결백할 때 온전하다.
그리고 오직 결백할 때
행복할 수 있다.

무죄인 결백은 상처받을 수 없음이다.

죄책감을 느낀다면
에고의 음성을 듣고 있는 것이다.

네가 죄를 짓긴 했지만
그 근원은 과거에 있다고 주장한다면,
너는 내면을 보고 있지 않다.
네 안에 과거는 없다.
과거와 결부시킨 기이한 연상들은

현재에서는 아무런 의미가 없다.
그럼에도 너는 그것으로
너와 형제들을 갈라놓아,
형제와 전혀 진정한 관계를 맺지 못한다.

진정한 관계는 죄책을 기반으로 할 수 없다.

고통에서 해방되고 싶지 않은 자가 있겠는가?
그는 아직 유죄를 결백으로
바꾸는 법을 배우지 못했고,
그것만이 그를 고통에서 해방할 수 있음을
깨닫지 못했을지도 모른다.
배움에 실패하면
공격이 아니라 가르침이 필요하다.

죄책의 종말은
네 손에 달려 있다.
이제 와서 멈춰
형제 안에서 죄책을 찾으려는가?

네가 죄 없다고 본 사람은
무죄로 회복된다.

네가 죄책에서 풀어준 사람에게서

너는 너의 결백을 배울 것이다.

수정처럼 정결한 해방을 건네는 즉시
너 자신이 죄책감에서 해방된다.

구원이란 죄책에서 해방되는 것이다.

지각의 힘

너는 보지 못하느냐?
자신이 무력하다는 괴상한 믿음에서
너의 모든 불행이 비롯된다는 것을.

교정되지 않은 오류는
네게 교정하는 힘이 있음을 숨긴다.

너는 네가 기대하는 것을 보며,
네가 초대한 것이 오기를 기대한다.
너의 지각은 네가 초대한 결과로,
네가 청한 대로 네게 온 것이다.

지각에는 초점이 있다.
초점이 보는 것에 일관성을 준다.
그러므로 이 초점을 바꿔라.
네가 보는 것도 같이 바뀐다.
너의 비전은 이제
새로운 의도를 지원하기 위해 이동한다.

진리와 손잡을 것인가
허상과 손잡을 것인가
선택은 여전히 너에게 달려 있다.
하나를 선택하는 것은
다른 하나를 보내는 것임을 기억하라.
너는 네가 선택하는 것을
아름다운 실재라고 여길 것이다.
선택은 너의 가치관으로 결정된다.
아름다움의 불꽃인가, 추함의 장막인가,
실재세상인가, 죄책과 두려움의 세상인가,
진리인가, 허상인가,
자유인가, 속박인가
이 모두는 같은 선택이다.

형제를 치유하는 권능이 네게 주어졌으니
그와 너는 하나이기 때문이다.
형제가 자기 자신을 어떻게 보는가는
너의 책임이다.
또한 이성은 너와 하나인 그의 마음 전체를
한순간에 바꾸는 것이
너의 기능이라고 말한다.
그 어떤 순간에도 그의 오류는 완전히 교정되고
그의 전일이 회복될 수 있다.
네가 너 자신의 치유를 허용하는 바로 그 순간

그의 전체 구원이 너의 구원과 동시에 완성되는 것을 보게 된다.

기적은 전체적인 지각을 가르친다.

치유한다는 것은 너와 형제의 지각을 교정하는 것이다.

혼돈된 사고체계에
의미를 다시 바로세우는 것이
그 사고체계를 치유하는 것이다.

너의 두려움은 오직 너의 생각에서 오기에
너의 해방은 너에게 달려있다.

내가 보는 것은
내 마음에서 일어나는 과정을 반영하고,
과정은 원하는 것에 대한 나의 관념에서 시작한다.

나의 생각만이 내게 상처를 줄 수 있다.

오늘 우리는
내면의 빛에 더 가까이 가기를 연습한다.
우리는 방황하는 생각들을 거둬,
하나님과 공유하는 생각과 일치하는 곳으로
부드럽게 되돌린다.

우리는 그 생각들이 길을 잃게
버려두지 않을 것이다.
우리는 마음의 빛이
그 생각들을 집으로 인도하도록 한다.

나는 상처 주는 모든 생각을
바꾸기로 선택할 수 있다.
그러므로 오늘 나는 말하는 것에 그치지 않고,
모든 의혹을 지나
말 속에 담긴 진실을 완전히 받아들일 것이다.

배움과 가르침

중요한 것은
네가 모른다는 사실을 배우는 것이다.

자신이 아무 것도 모른다는 사실을
항상 기억하고
모든 것을 기꺼이 배우려는 이는
모든 것을 배우게 된다.

시련이란 미처 배우지 못한 교훈들이
다시 한 번 주어지는 것일 뿐,
그리하여 이전에 그릇된 선택을 내렸던 자리에서
이제 더 나은 선택을 내릴 수 있고,
그러므로 이전의 선택이 가져다 준
모든 고통에서 벗어날 수 있는 것이다.

그러므로 치유는 이해를 가르치며,
너는 연습할수록
더 나은 교사이자 더 나은 학생이 된다.

축복하는 법을 배울 수는 있지만,
갖지 않은 것을 줄 수는 없다.
따라서 형제를 축복한다면
축복이 먼저 네게 왔음에 틀림없다.
또한 축복을 네 것으로 받아들였음에도 틀림없으니,
받지 않았다면 어떻게 줄 수 있겠는가?

진리를 부인한 너에게,
진리로 치유된 자보다
진리의 실재를 더 잘 입증할 증인이 있겠는가?
그러나 치유된 그들 중에 너도 포함시켜라.
그들과 기꺼이 결합하기를 뜻할 때 너도 치유되기 때문이다.

모든 것은 하나님이 네가 배우기를 바라시는 가르침이다

나는 오늘 받은 대로 주는 것을 배운다.

네가 만든 것이 너의 의지를 가두고,
치유해야 할 병든 마음을 네게 주었다.
이 병을 경계하는 것이 병을 치유하는 길이다.
일단 마음이 치유되면
마음은 건강을 발산하여 치유를 가르친다.
이것이 너를 나와 같은 교사가 되게 한다.

가르치는 방법은 많지만
모범이 되는 것이 최상의 길이다.
가르침은 치유라야 하니,
가르침은 관념의 공유이기 때문이다,

치유하기에 실패한다면
그 이유는 자신이 누구인지 잊었기 때문이다.

그러므로 치유하기 위해,
자신의 모든 실수가 교정되게 하는 것이 필수다.

사랑만을 가르치라.
사랑이 곧 너이기에.

마음의 변화

누구나 자유롭게 마음을 바꿀 수 있고,
마음과 함께 그의 모든 생각도 바뀐다.
이제 생각의 근원이 바뀌었으니,
마음을 바꾼다는 것은
모든 관념의 근원을 바꿨다는 의미이기 때문이다.
지금 생각하거나, 이전에 생각했거나
앞으로 생각할 모든 관념의 근원을.
너는 과거를 네가 예전에 생각했던 것에서 풀어주고.
미래 또한 오랜 세월 품어온 생각에서 풀어준다.
찾고 싶지 않은 것을 찾으려는 해묵은 생각들로부터

마음의 변화와 무관한 것은 있을 수 없다.
외부의 일은 이미 내려진 결정의
그림자에 불과하기 때문이다.
결정이 바뀌는데
결정의 그림자가 바뀌지 않을 수 있겠는가?

병은 마음에서 올 뿐

몸과는 무관하다.
이를 인식하는 "대가"는 무엇인가?
네가 보고 있는 세상 전체가 그 대가이니,
이제 다시는 세상이 마음을 지배하는 것으로
보이지 않을 것이기 때문이다.
이 인식으로 이제 책임은 제자리를 찾게 된다.
세상이 아니라
세상을 있는 그대로가 아닌 다른 것으로 보는 사람에게로.
그는 자기가 보기로 택한 세상을 보고 있는 것이다.
그 이상은 아니지만 그 이하도 아니다.
세상은 그에게 아무 일도 하지 않는다.
세상이 했다고 그가 생각했을 뿐이다.
그도 세상에 아무 일도 하지 않는다.
그는 세상이 무엇인지에 대해 오해했던 것이다.
여기에 죄책과 병에서 풀려나는 해방이 있으니,
그 둘은 하나이기 때문이다.

진리와 허상은 양립할 수 없기에
허상으로 가득 찬 마음에는 진리가 떠오를 수 없다.
진리는 전체적이므로,
마음의 일부가 진리를 아는 것은 불가능하다.

병은 어떤 형태이든
마음이 분열되었고

통합된 목적을 수용하지 않았음을 보여준다.

네가 자신에게 한계를 둘 때
우리는 한마음이 아니며,
그것이 곧 병이다.

한순간 멈춰 잠잠해진 마음으로
소리 없이 기적이 들어온다.
그 고요한 순간에,
기적은 고요를 함께 나누기 위해
고요 속에 치유된 마음에서 다른 마음으로 부드럽게 나아간다.
이제 그들은 하나 되어,
모든 마음을 존재하게 한 마음으로
기적이 다시 찬란하게 확장해 나가는 것을
조금도 방해하지 않는다.
기적은 나눔에서 탄생했기에 시간 속에 묶일 수 없다.
기적은 고요하지 않은 모든 마음에게로 지체 없이 달려가,
하나님을 다시 기억하게 되는 한순간의 고요를 전한다.

하나님의 모든 등불은 같은 불꽃이 점화했기에,
마음은 자신의 권능을 다른 마음에게로 비춰줄 수 있다.
그 불꽃은 어디에나 있고 영원하다.

너의 마음은 강렬한 빛이기에

내가 너의 마음을 밝히듯
너도 형제의 마음을 살펴 밝혀줄 수 있다.
나는 성찬聖餐에서 나의 몸을 나누기를 원치 않으니,
몸을 나누는 것은 무를 나누는 것이기 때문이다.
가장 거룩한 아버지의 가장 거룩한 자녀들과
내가 허상을 나누려 하겠는가?
하지만 나는 나의 마음을 나누기를 원하니
우리는 한 마음에서 왔고
그 마음이 곧 우리의 마음이기 때문이다.
이 마음만이 모든 곳과 모든 것에 있으니,
어디서든 오직 이 한 마음만 보라.
이 마음은 모두를 포용하므로
이 마음이 곧 모든 것이다.
이 마음만을 지각하는 자는 복이 있나니,
그는 진리만을 지각하기 때문이다.

마음은 빛만을 지닐 때 빛만을 알게 된다.
마음의 광휘는 주위를 환히 비추며,
다른 마음의 어둠으로 확장하여
그들도 위엄을 갖추게 한다.

하나님의 선물을 기꺼이 받아들인 마음은
영을 회복하였기에,
영의 자유와 기쁨을 확장한다.

4

깨어나는 수단

치유는
깨어남을 더 이상 두려워하지 않고
깨어나기로 결정을 바꾸는 것이다

고통과 번뇌의 꿈에서 깨어나려면 먼저 우리가 지금 꿈을 꾸고 있음을 알아야 한다. 그래야만 우리는 꿈꾸는 것이 우리의 선택에 달려있고 고통 대신 행복한 꿈을 창조하여, 궁극적으로는 모든 꿈에서 깨어날 수 있음을 알 수 있다. 수업은 이 세상의 꿈들은 두려움으로 가득 차있어, 실제와 깨어남을 두려움 없이 바라보는 것도 상당한 어려움이 따른다고 설명한다. 그래서 수업은 실제를 여전히 두려워하는 상태에서 우리를 갑작스레 실제 안으로 내던지는 대신 두려움의 악몽이 행복한 꿈으로, 분노와 공격의 꿈이 감사와 용서의 꿈으로 부드럽게 전환되는 과정을 제공한다.

행복한 꿈은 사랑과 기쁨으로 가득 찬 우리의 실재와 본래 상태를 반영한다. 기적은 지각의 대상이 두려움에서 사랑으로 바뀌는 것이다. 기적은 꿈을 만든 자가 우리 자신임을 보여주며, 모든 꿈을 지나 깨어남을 가리킨다.

수업은 치유를 일으키는 관계가 서로를 깨어남으로 인도하는 중요한 도구임을 중요하게 다룬다. 이 관계는 자연스럽게 형성될 수도 있고, 때로는 공인된 심리치료 관계가 유익한 경우도 있다. 관계는 치유과정의 핵심 요소이며, 심리 치료 관계든 아니든 상관없이 우리 모두는 서로에게 환자이자 치료사이고, 학생이자 교사다.

꿈에서 깨어남

꿈꾸는 자는 깨어있지 않지만,
본인은 그 사실을 모른다.
그는 자신의 허상을 본다.
병들었거나 건강하다는,
우울하거나 행복하다는 허상을.

꿈속에서 행한 것은
실제로는 일어나지 않았다.
꿈꾸는 자에게
이것이 사실임을 납득시키기란 불가능하니,
꿈은 꿈이 실재라는 허상을 갖게 하기에 꿈인 것이다.
꿈에서 완전히 해방되려면 잠에서 깨어나야만 한다.
그래야만 꿈은 실재에 아무런 영향을 미치지 않았고,
따라서 실재를 조금도 바꾸지 않았음이 명백해지기 때문이다.

그러나 네가 꿈꾸는 자라면
적어도 이 정도는 지각한다.
네가 꿈을 일으켰고

따라서 다른 꿈을 받아들일 수 있다는 것을.
그러나 꿈의 내용이 바뀌려면
좋아하지 않는 꿈을 꾸고 있는 자가 너 자신임을 깨달아야 한다.
꿈은 네가 일으킨 원인의 결과일 뿐이다.

아무 일도 일어나지 않았다.
너는 다만 자신을 잠재워
스스로에게 이방인이 되고
다른 사람들이 꾸는 꿈의 일부가 되는
꿈을 꾸었을 뿐이다.
기적은 깨우지 않고
다만 꿈꾸는 자가 누구인지 보여준다.
기적은 네가 잠든 와중에도
너의 목적에 따라 꿈을 선택할 수 있음을 알려준다.
치유의 꿈을 원하는가,
아니면 죽음의 꿈을 원하는가?
꿈은 기억을 닮았다.
네가 자신에게 보여주고 싶어 한 것을 묘사한다는 점에서

용서한 마음이 지각하는 꿈은
또 다른 잠으로 유도하여
또 다른 꿈을 꾸게 하지 않는다.
행복한 꿈은
진리의 여명을 알려주는 예고이다.

행복한 꿈은 잠에서 부드럽게 깨워
꿈이 사라지도록 이끈다.

용서하는 꿈은 그 누구의 피해도
그 누구의 고통도 요구하지 않는다.
이것이 행복한 꿈이다.

세상은 기적으로 가득하다.
고통과 아픔의 꿈, 죄와 죄책감의 꿈 곁에
기적아 고요히 빛난다.
기적은 능동적으로 꿈을 만드는 너의 역할을 부인하기보다
자신이 꿈꾸는 자임을 선택하는 꿈의 대안이다.

기적을 받아들일 때,
너는 기존의 꿈에 두려움의 꿈을 보태지 않는다.
지원 받지 못하는 꿈은 결과 없이 사라진다.
꿈을 강화하는 것은 바로 너의 지원이다.

따라서 치유란 진리의 이름으로
병의 꿈을 상쇄하는 꿈이라고 할 수 있다.

병이 꿈에 지나지 않음을 이해하는 마음은
꿈의 형태에 속지 않는다.
죄책이 없는 곳에는 병이 들어올 수 없다.

병은 또 다른 형태의 죄책감일 뿐이다.
속죄는 병자를 치유하지 않는다.
병자의 치유는 완치가 아니다.
속죄는 병을 가능하게 하는 죄책감을 치운다.
이것이 진정한 완치다.

'완치'는 세상이 받아들인 그 어떤 치료법에도
적용될 수 없는 단어다.
세상이 효과가 있다고 여기는 요법은
다만 몸을 '더 좋게' 만드는 것이다.
그 요법은 마음을 치유하려 할 때,
마음의 거처로 여긴 몸이
마음과 분리되어 있음을 보지 못한다.
그리하여 요법의 형태는
허상을 허상으로 대체하는 것일 수밖에 없다.
병이 실재라는 믿음은 형태가 바뀌고,
환자는 이제 자신이 나았다고 지각한다.

환자는 치유되지 않았다.
그는 단지 자신이 병이 드는 꿈을 꾸었고,
꿈속에서 병을 낫게 할 마술의 처방을 찾았을 뿐이다.
하지만 그는 꿈에서 깨어나지 못했고
따라서 그의 마음은
정확히 이전 그대로이다.

그는 그를 깨워
꿈을 끝낼 빛을 보지 못했다.
꿈의 내용이
실재에서 무슨 의미가 있겠는가?
사람은 잠을 자거나 깨어 있다.
중간은 없다.

너는 먼저 잠의 대가에 대해 알아보고
이를 치르지 않겠다고 다짐해야 한다.
그제야 너는 깨어나기로 결정할 것이다.

치유는 깨어남을 두려워하지 않는 해방이며,
깨어나기로 결정을 바꾸는 것이다.

치유는 곧 자유다.
치유는 꿈이 진리를 이길 수 없음을 실증하기 때문이다.

일단 꿈의 정체를 인식하면
누가 꿈을 실재라고 믿겠는가?
꿈꾸고 있음을 알아차리는 것이
하나님 교사의 진정한 역할이다.
그들은 꿈속의 인물들이 오가며,
이동하고 바뀌며,
고통 받고 죽는 것을 주시한다.

그러나 그들은 자신이 보는 것에 속지 않는다.
하나님의 교사는
꿈의 등장인물들이 병들고 분리되어 보이는 모습이
건강하고 아름다워 보이는 모습과 마찬가지로
실재가 아님을 인식한다.
합일만이 꿈에 속하지 않는다.
보이는 듯한 모든 것 너머에 있지만
확실하게 그들의 것인 이 합일이
하나님의 교사가 꿈 뒤편에 있는 것으로 인정하는 것이다.

내면의 성찰

치유는 다른 그 누구에게서도 오지 않는다.
너는 내면의 안내를 받아들여야 한다.

여기로 온 자는
바깥에 행복과 평화를 가져다 줄 무언가가 있다는 꿈을,
여전히 남아 있는 약간의 허상을,
혹은 희망을 갖고 있음에 틀림없다.
모든 것이 그의 내면에 있다면
그의 바깥에 그러한 것이 있다는 것은 사실일 수 없다

밖에서 찾지 말라.
너의 모든 고통은
네가 원하는 것을 네가 고집하는 장소에서
헛되이 찾는 것에서 비롯된다.
거기에 없다면 어쩔 것인가?
너는 네가 옳은 것이 좋은가, 행복한 것이 좋은가?
행복이 어디에 있는지 들었음을 기뻐하고,
더 이상 다른 곳에서 찾지 말라.

거기서는 찾지 못한다.
다만 진실을 알고,
진실을 밖에서 구하지 않는 것이 네가 할 일이다.

치유하고 치유되어라.
평화로 이어지는 다른 길은 없다.

그곳에는 이 세상 그 어떤 꿈도 어렴풋이나마 상상조차 할 수 없을
만큼 깊은 평화의 느낌이 흐른다.

치유가 주어진 너에게 평화가 있으라.
너의 치유를 받아들일 때
너는 네게 평화가 주어졌음을 배운다.
치유의 전체 가치를 평가해야만
네가 받은 치유의 유익을 이해할 수 있는 것은 아니다.
사랑이 공격 없이 들어온 그 순간 생겨난 것은
영원히 너와 함께 머무른다.
너의 치유는 그 순간의 결과 중 하나이다.

형제여, 너 자신과의 전쟁은 거의 끝났다.
여행은 평화의 자리에서 끝난다.
그곳에서 주는 평화를 지금 받지 않으려는가?

건강은 내면의 평화다.

평화를 가지려면, 평화를 가르치라.

함께 나누는 평화를 제한한다면
너는 너의 자아를 알 수 없다.

배움의 목적은
네가 고요를 가져와
불안과 소동을 치유할 수 있게 하는 것이다.
이는 불안과 소동을 피해 외딴 곳을 찾는다고 이뤄지지 않는다.

하나인 우리는
오늘 우리에 대한 진실을 인식할 것이다.
우리는 집으로 돌아와,
합일 속에 안식한다.
평화는 거기에만 있을 뿐 그 어디서도
구하여 찾을 수 없기 때문이다.

유혹과 씨름하고 죄에 굴복하지 않으려고 싸우는 사람들에게
마침내 평화가 올 때,
묵상에 전념하는 마음으로 빛이 들어올 때,
혹은 누구라도 마침내 목표를 달성했을 때,
그것은 언제나 단 하나의 행복한 깨달음과 함께 온다.
"나는 아무것도 할 필요가 없다."

심리치료

심리치료는 세상에서 형태가 있는 유일한 치료법이다.
오직 마음만이 병들 수 있기에,
오직 마음만이 치유될 수 있다.
마음만이 치유가 필요하다.
그러나 이는 사실로 보이지 않는데,
왜냐하면 세상의 모습이 참으로 실재처럼 보이기 때문이다. 세상의 모습이 실재인지 의문을 가지려면 심리치료가 필요하다.
때로는 공인된 형태의 심리치료가 아니어도 마음을 열기 시작할 수 있지만, 인간관계에 대해 지각이 어느 정도 달라졌기에 마음을 열 수 있는 것이다. 때로는 '공인된' 심리치료사와 더욱 체계적이고 장기적인 관계가 필요한 경우도 있다. 어떤 경우라도 과제는 같다. 환자는 허상의 '실재성'에 대해 마음을 바꾸도록 도움을 받아야 한다.

간단히 말해, 심리치료의 목적은
진실을 가로막는 장벽을 제거하는 것이다.

그 어떤 병이든 병은 자신이 약하고,

상처받기 쉽고, 악하며, 위험에 처했고
따라서 끊임없는 방어가 필요하다는
시각의 결과라고 정의할 수 있다.

심리치료는 자아에 대한 관점을 전환하는 과정이다.

바르게 이해한다면 심리치료란
용서를 가르치고
환자가 용서를 인식하며 받아들이도록
돕는 것이다.

치료사는 치유하지 않는다.
그는 치유가 일어나게 한다.

그렇다면 누가 치료사이고,
누가 환자인가?
결국은 모두가 환자이자 치료사이다.
치유가 필요한 사람은 치유해야 한다.

우리 모두는 우리가 맺는 모든 관계에서
환자이자 치료사이다.

용서와 감사

용서하는 것이
곧 치유하는 것이다.

용서는 오직 실재가 아닌 것만을 제거하여
세상에서 그림자를 걷어내고,
용서의 온유 속에 안전하고 확실하게 옮긴다.

너의 완전함, 단일성, 평화라는
진실에 반대하는 모든 생각을 용서하라.

용서란, 진리가 참이기를 뜻하는 것이다.
모든 것을 내면에 품고 있는 단일에서
그 무엇이 치유되지 않은 채 떨어져 있겠는가?

너에 대한 너의 형상과 너의 실재 사이에 있던 모든 것을
용서가 기쁘게 씻어낼 것이다.

용서는 언제나 정당하다.

용서는 확실한 근거가 있다.

용서하는 것이 타당하다고 인식되면
치유가 일어난다.

모든 형태의 괴로움은
용서하지 않는 생각을 숨기는 데 실패하지 않으며,
용서가 치유할 수 없는 그 어떤 형태의 고통도 있을 수 없음을
잊지 말라.

주는 것은 곧 받는 것이기에,
진정한 용서는 용서를 주는 마음을 치유한다.

 너의 눈을 완전하게 치유하는 용서의 권능에 기뻐하라.

과거의 어둠이 눈에서 사라졌으니,
오늘 너는 못 볼 리 없다.
너는 네가 보는 것을 반가이 맞아
즐거이 오늘을 영원토록 확장할 것이다.

용서할 것이 아무것도 없음을 인식하는
그 완전한 용서 속에
너는 완전히 사면된다.

기뻐하라,
정녕 구원이 요구하는 것은 그다지 적고 대단치 않으니,
실제로는 구원은 아무것도 청하지 않는다.
허상에서조차 구원은 용서가 두려움을 대신하기를 청할 뿐이다.

용서받은 사람은
무엇보다 먼저 치유에 힘써야 하니,
받은 치유의 관념을
간직하려면 줘야하기 때문이다.

너는 치유할 때
네가 치유되었음을 이해한다.
너는 용서할 때
자신 안에서 용서가 이루어졌음을 받아들인다.
너는 형제를 자기 자신으로 인식하고
따라서 네가 전일함을 지각한다.

용서는 선택이다.
나는 결코 형제를 있는 그대로 보지 않는다.
있는 그대로의 형제는 지각의 영역을 넘어서기 때문이다.
형제에게서 보는 것은 단지
내가 보기를 원하는 것이다.
왜냐하면 그것은 내가 원하는 진실을 상징하기 때문이다.
밖에서 일어나는 일들이

나를 몰아가는 듯이 보이더라도
나는 오직 내가 보고 싶은 것에만 반응한다.

형제를 있는 그대로 보겠다는 용의를 갖고
형제를 보라.
그가 치유되도록
그의 모든 면을 그러한 용의로 바라보라.
치유한다는 것은
곧 전체가 되게 하는 것이다.
전체에는 누락되어 바깥에 남겨진 부분이 있을 수 없다.
용서는 이를 인식하는 데 있다.

낯설지만
사실은 너의 오랜 친구인 이 이방인을
용서할 때
그는 해방되고
너도 그와 함께 속량된다.

너의 용서가
너와 형제 둘에게만 기여한다고 여기지 말라.
새 세상 전체가 너희 손에 달려 있다.

오늘 우리는 분노와 원한과 복수 대신
감사를 떠올리기를 배운다.

우리는 모든 것을 받았다.
이 인식을 거부하더라도
냉혹하게 굴 자격이 우리에게 주어지는 것은 아니며,
우리가 끊임없이 괴롭힘에 시달리며, 배려나 보살핌 없이
난폭하게 우리를 취급하는 곳에서 무자비한 추격을 당하고 있다고
지각할 자격이 주어지는 것도 아니다.
감사는 이러한 정신 나간 지각을 대체하는 유일한 생각이 된다.

그러므로 감사 속에 사랑의 길을 걸으라.
비교를 버리면 증오는 잊히기 때문이다.
더 이상 무엇이 평화를 방해하겠는가?

그러니 지친 형제들이 우리 어깨에 기대어 잠시 쉬게 하라.
우리는 그들로 인해 감사드리니,
우리가 찾으려는 평화로 그들을 인도할 수 있다면,
마침내 그 길이 우리에게 열리기 때문이다.

너의 용서가 완성될 때
너는 전적으로 감사하리라.

용서는 나의 결백을 인식하는 수단이다.

용서는 내면에서 세상의 빛을 자각하는 수단이다.

실재와 진리

실재는 여기 있다.
실재는 우리에게 그리고 하나님께 속하며,
우리 모두를 완벽하게 만족시킨다.
실재를 인식하는 것만이 우리를 치유하니,
그것은 진리를 인식하는 것이기 때문이다.

실재는 청명한 마음에만 떠오를 수 있다.
실재는 거기 있어 언제든지 주어질 수 있지만,
실재를 받아들이겠다는 너의 용의가 있어야 한다.

환상 외에
무엇이 두려우며,
실재에는 충족이 없다고 절망하지 않고서야
누가 환상에 의존하겠는가?

네게는
너의 두려움을 몰아낼 실재가 필요하다.
너의 청으로

너의 두려움을 진리로 바꿀 수 있다면
너는 그러기를 청하지 않겠는가?

겉모습은 속이지만,
변할 수 있다.
실재는 변하지 않는다.
실재는 결코 속이지 않는다.
그런데 만약 겉모습 너머를 보지 못한다면
너는 진정 속은 것이다.

오늘 우리는 겉모습을 넘어,
치유의 근원에 도달한다.

이것을 기억하라
너는 언제나
진리와 허상 중에 선택한다는 것을

치유는 병의 환상들을 대체할 것이 분명하다.

진리는 실패 없이 치유하고
영원히 치유한다.

진리에 맞서
자신을 방어하지 말라.

진리를 있는 그대로 두라.
진리를 침범하지 말고,
진리를 공격하지 말고,
진리가 오는 것을 막지 말라.
진리가 모든 상황을 감싸고
네게 평화를 가져오게 하라.
진리는 아무것도 청하지 않기에
진리는 믿음조차 청하지 않는다.
진리가 들어오게 두라.
진리가 너를 위해
평화에 필요한 믿음을 일으키고
유지할 것이다.

진리가 왔을 때
그 날개 속에 완전한 불변성과
고통 앞에서도 흔들리지 않는 사랑을 품고 온다.

진리가 오면 모든 고통은 끝난다.
네 마음에는 일시적인 생각이나
죽은 관념이 더 이상 서성거릴 자리가 없기 때문이다.
진리가 네 마음을 완전히 차지하여,
덧없는 것에 대한 모든 믿음에서
너를 해방한다.
그러한 믿음은 있을 곳이 없으니,

진리가 왔고 그 믿음은 어디에도 없기 때문이다.
진리가 모든 곳에 영원히, 지금 있기에
그러한 믿음을 찾을 수 없다.

평화와 진리가 일어나
전쟁과 헛된 상상의 자리를 차지할 때,
치유의 섬광이 너의 열린 마음을 가로질러 빛나리라.

치유된다는 것은
단순한 진리를 다만 받아들이는 것일 뿐이다.
항상 그랬고, 영원히 그래왔던 대로
앞으로도 언제나 그대로일 진리를,

진리를 믿기 위해서는
아무것도 할 필요가 없다.

우리는 오직 진리를 반겨 맞이하는 것에만 관심을 둔다.

진리는 다만 행복을 주려고 하니,
진리의 목적은 그것이기 때문이다.

우리의 진정한 정체는
말로 설명할 길이 없다.
하지만 우리는 우리의 역할을

이 땅에서 실현할 수 있으며,
우리가 내면의 말을 구현한다면
우리의 역할에 대해 말하고 가르치는 것도 가능하다.

무엇이 치유되어야 하는지
혼동하지 말고,
다만 이렇게 말하라.

*"나는 나의 몸을 나라고 오해했기에
진정한 나의 정체를 잊었다."*

우리는 진리가 와서
우리를 해방하기를 청한다.
진리는 결코 우리와 분리된 적이 없기에
우리에게 올 것이다.
진리는 오늘 건네는
우리의 이 초대를 기다릴 뿐이다.
우리는 치유의 기도와 함께 진리를 소개하여,
우리가 방어를 떨치고 일어나는 데 도움을 얻고
진리가 언제나 진리였던 것이 되게 한다.

병은 진리에 맞선 방어다.
나는 나에 대한 진리를 받아들여,
오늘 내 마음이 완전히 치유되게 하리라.

5

자유의 기쁨

자신을 사랑하는 것이
곧 자신을 치유하는 것이다

꿈이 끝나면 두려움과 고통도 끝난다. 수업은 우리가 깨어날 때 사랑과 평화, 그리고 자유의 기쁨이 우리를 찾아온다고 말한다. 완전히 깨어나기 전에도 우리는 그러한 상태를 얼핏 스쳐본다. 이러한 일별은 〈기적수업〉이 말하는 비전이나 거룩한 순간을 통해 찾아온다. 거룩한 순간은 우리의 진정한 본성과 실재를 직접 경험하는 순간이다. 비전은 우리의 실재를 보여주는 내면의 시야이다. 수업은 거룩한 순간과 비전이 우리 자신과 다른 이들의 치유를 일으킬 엄청난 힘을 지녔다는 사실을 강조한다. 실재의 본성 자체가 치유를 일으키기 때문이다. 그런데 실재가 제공하는 것은 치유만이 아니다. 상상을 초월하는 사랑과 평화와 기쁨으로 우리를 가득 채워준다. 궁극적으로 우리는 모든 꿈을 초월한 존재이며, 꿈의 종말은 치유가 주는 선물이다.

거룩한 순간

거룩한 순간은
바로 이 순간이요,
매 순간이다.

거룩한 순간은 영원하며,
시간에 대한 너의 허상이
영원을 손상하거나
영원의 경험을 방해하지 못한다.

거룩한 순간은
하나님이 주신 것을 인식하라는
하나님의 요청이 아니겠는가?
항상 볼 수 있고
언제든지 네 것이 될 수 있는
행복을 인지하라는 강력한 요청이
여기에 있다.
네가 영원히 경험할 수 있는
변함없는 평화가 여기에 있다.

거룩한 순간은 공유되며,
너만의 것일 수 없다.
형제를 공격하고 싶을 때마다
그가 해방되는 순간이
곧 네가 해방되는 순간임을 기억하라.
기적은 네가 주는 해방의 순간이요,
네가 받을 해방의 순간이다.

너희의 관계는 하나이며,
한 사람의 평화를 위협하는 것은
양쪽 모두에게 똑같이 위협이 됨을 잊지 말라.
관계가 주는 축복 아래
형제와 결합할 때 오는 권능은,
이제는 더 이상 홀로 두려워하거나
홀로 두려움을 대면하는 일이
불가능하다는 사실에 있다.
그럴 필요가 있다거나
심지어 그것이 가능하다고도 믿지 말라.
거룩한 순간이
둘 중 한 사람에게만 오는 것도 불가능하다.
거룩한 순간은
둘 중 한 사람만 요청해도
둘 다에게 온다.

위협을 지각하는 순간,
둘 중 조금이라도 더 제정신인 사람이
상대가 얼마나 고마운 사람이며
그에게 얼마나 많은 신세를 졌는지 기억하고,
둘 모두에게 행복을 가져와
그 빚을 갚을 수 있음에 기뻐해야 한다.
그에게 이 점을 일깨워주고,
이렇게 말하라.

   "나는 사랑하는 형제와 함께 나눌 수 있도록,
   거룩한 순간을 열망한다.
   홀로 거룩한 순간을 맞이하는 것은 불가능하다.
   하지만 지금 함께
   거룩한 순간을 나누는 것은 전적으로 가능하다.
   그러므로 나는 이 순간을
   성령께 드리기로 선택하여,
   성령의 축복이 우리에게 내려와
   우리 모두를 평화에 머무르게 한다."

부디 거룩한 순간이
너의 길을 앞당기기를 바라노라.
네가 허락한다면
거룩한 순간이 네게 오리라.

비전과 전일

비전이 네가 보는 모든 것에 대한
지각을 바로잡는다.

육안이 아닌 비전으로 보는 것은
치유되었고 거룩하다.

내가 보는 것은
내가 나라고 생각하는 것의 반영임을 인식하기에,
내게 가장 절실한 것은
비전임을 깨닫는다.
내가 보는 세상은
내가 만든 자아상에 두려운 본성이 있음을 보여준다.
내가 누구인지 기억하려면,
내가 만든 자아상을 내려놓아야 한다.
진실이 그것을 대체할 때,
비전이 주어진다.
그리하여 그 비전으로
나는 세상과 나 자신을

관용과 사랑으로 보게 된다.

처음에는 비전이 얼핏 스치며 찾아오지만,
형제를 무죄로 보는 네게 주어진 것을 알리기에는
그것으로 충분하다.

죄냐 진리냐,
무력감이냐 권능이냐
이 선택은
공격할 것인가 치유할 것인가의 선택임을 잊지 말라.
치유는 권능에서 오고,
공격은 무력감에서 온다.
누군가를 공격하면서 그를 치유하고 싶을 리는 없다.
너는 네가 치유하려는 자를
공격에서 보호하기로 결정했음에 틀림없다.
그것은 그를 육안으로 볼 것인지
비전을 통해 드러나게 할 것인지의 선택이다.
이 결정이 어떤 결과를 맺는지는
네가 고민할 바가 아니다.
그러나 무엇을 보고 싶어 하는지는
네가 선택해야 한다.

나는 너의 지친 눈으로
다른 모습의 세상을 가져오니,

지극히 새롭고 깨끗하고 신선한 그 모습에
이전에 보았던 고통과 번뇌를 잊게 된다.
이것이 모든 이들과 함께 나눠야 할 비전이니,
그것은 공유하지 않는다면 볼 수 없기 때문이다.
이 선물을 주는 것이 그것을 네 것으로 만드는 길이다.

치유된 비전에는 치유하는 힘이 있다.
이것이 너의 마음에서 다른 이들 마음으로
평화를 가져가 그들과 함께 나누며
그들이 너와 하나이고 그들 자신과도 하나임을 기뻐하는 빛이다.
이것이 치유하는 빛이다.

비전을 통해 보는 모든 것은
부드럽게 제자리를 찾는다.
비전은 모든 것을 바르게 하고
온유한 천국의 법을 따르게 한다.

비전은
악몽을 행복한 꿈으로 해석하는 수단이다.
상상한 죄의 두려운 결과를
너에게 보여주는 광란의 환각을
고요하고 위안을 주는 광경으로
대체하는 하는 성령의 도구다.
이러한 온화한 광경과 소리는

행복하고 즐겁게 지각된다.

환각은 그 정체가 인식되면
사라진다.
이것이 치유이고 이것이 곧 치료다.
환각을 실재라고 믿지 말라.
그러면 사라진다.
네가 해야 할 일은
네가 환각을 일으켰음을 인식하는 것뿐이다.
일단 이 단순한 사실을 받아들이고
환각에 주었던 힘을 네게로 거둬들이면,
환각에서 해방된다.

이제 너는
모든 허상 너머를 볼 수 있는 눈을 가졌다.

너의 눈은 허상을 해제하는,
하나님이 주실 수 있는 가장 큰 힘을 갖게 되었다.

우리 함께 눈을 들어 바라보자.
두려움이 아니라 믿음 속에서
우리의 시야에는 그 어떤 허상도 보이지 않기에, 우리 안에는 그
어떤 두려움도 없을 것이다.
천국의 열린 문으로 이어지는 오솔길만이,

우리가 하나 되어 온유와 평화 속에 함께 사는 고요한 집으로 가는
오솔길이 보일 뿐

비전이 해결하지 못할 문제나
사건 혹은 상황이나 난국은 없다.
비전으로 보면 모두가 속량된다.

그리스도의 비전에는
하나의 법칙이 있다.
그것은 육신을 하나님이 창조하신 아들로
오해하지 않는다.
그리스도의 비전은 몸 너머의 빛을 본다.
만질 수 있는 것 너머의 관념을 본다.
잘못과 측은한 실수, 죄의 꿈에서 오는 죄책의 두려운 생각들로 어두워지지 않은 순수를 본다.
그리스도의 비전은 분리를 보지 않는다.
그리스도의 비전은
비전이 보는 빛을 조금도 흐리지 않은 채,
모든 사람과 상황,
그리고 일어나는 모든 일과 사건들을 바라본다.

그리스도의 비전을 가르치는 것은 가능하며
이를 이루려는 자는 가르쳐야 한다.
그리스도의 비전을 얻으려면,

세상은 여기에 견줄만한 그 무엇도 줄 수 없고,
비전 앞에서 사라지지 않을 목표도 세울 수 없음을 인식해야 한다.

평화의 자녀여, 네게 빛이 왔다.
네가 가져다주는 빛을
너는 아직 인식하지 못하지만
곧 기억하게 되리라.
남에게 비전을 가져다주면서
자신은 비전을 거부할 자가 있겠는가?

치유는 전일하고 싶다는 표시다.

　"나는 보기로 결심한다"

네가 치유한 이들은
네가 치유되었음을 입증하니,
너는 그들의 전일에서
너의 전일을 볼 것이기 때문이다.

제정신은 전일이요,
형제의 제정신은 곧 너의 제정신이다.

충만하려면 너는 행복해야 한다.
사랑과 두려움은 공존할 수 없고,

완전히 두려운 상태로는 살 수 없다면,
유일하게 가능한 충만한 상태는
사랑의 상태다.
사랑과 기쁨은 다르지 않다.
그러므로 유일하게 가능한 충만한 상태는
기쁨으로 충만한 상태다.
따라서 치유한다는 것 혹은 기쁘게 한다는 것은 결합하여 하나가
되는 것과 같다.

우리의 마음들은 하나이기에 전일하다.

치유를 통해 전일을 배우고
전일을 배움으로써
하나님을 기억하기를 배운다.

완성이 먼저 합일에 있고,
그런 다음 합일의 확장에 있다.

그리스도는 네가
그리스도를 너 자신으로 받아들이고
그의 전일을 네 것으로 받아들이기를 기다린다.
하나님의 평화인 하나님의 전일은
그 창조물의 전일을 인식하는
전일한 마음만이

그 진가를 인식할 수 있다.

몸을 지나,
해와 별들을 지나,
보이는 모든 것을 지나,
하지만 왠지 친밀한 곳에,
너의 시선이 닿으면
거대한 원을 그리며 펼쳐지는
황금빛 원호圓弧가 있다.
이제 원은 눈앞에서
온통 빛으로 채워진다.
원의 윤곽은 사라져
더 이상 그 안에 있는 빛을 담고 있을 수 없다.
영원히 빛나며,
끊어지거나 제한받지 않고
무한으로 확장하는 이 빛은
모든 것을 감싼다.
이 빛 속에서
모든 것은 완벽한 연속체로 결합된다.
이 빛 바깥에 무언가가 있다고 상상할 수 없으니,
이 빛이 없는 곳은 없기 때문이다.

네가 무엇인지에 대한 기억이,
기억의 일부이면서 기억 전부를 품고,

그 전부가 네 안에서 결합하듯
너도 그 모두와 확실하게 결합된
너에 대한 기억이 여기에 있다.
이 모습을 보여줄 수 있는
비전을 받아들이라.
속죄는 너의 전일에 대한 값이 아니라,
너의 전일을 인지하는 값이다.

속죄는 다만
결코 잃지 않았던 것으로 돌아가는 길이다.

속죄의 목적은 허상을 몰아내는 것이다.
허상을 실재로 만든 다음 용서하는 것이 아니다.

네가 자신을 해방하려면
과거와 미래 사이에
하나님의 법이 개입되어야 한다.
속죄는 과거와 미래 사이에서 등불처럼 빛난다.
너무도 찬란한 그 빛에 네가 스스로를 결박했던 어둠의 사슬은 사라지고 만다.

너는 너의 자아충만을 알지 못해
너의 기쁨을 알지 못한다.
자신에게서 왕국의 어느 일부라도 제외한다면

너는 전일하지 않다.
분열된 마음은
자신의 충만을 지각할 수 없고,
따라서 마음의 전일을 일깨워
치유를 불러오는 기적이 필요하다.
이것이 분열된 마음에 전일을 다시 일깨운다,

너의 자아충만도 하나님의 것처럼 한계가 없고,
완전한 평화 속에서 영원히 확장한다.
그 광휘는 너무도 찬란하여
완전한 기쁨 속에 창조하며,
그것의 전일에서는
오직 전일한 것만 탄생될 수 있다.

사랑과 기쁨

네 마음에 용서를 두고
모든 두려움을 부드럽게 내려놓으라.
사랑이 네 안에서 정당한 자리를 찾을 수 있도록.

병에서 오직 사랑을 구하는
또 하나의 요청만을 지각하고,
형제가 자신에게 줄 수 없다고 믿는 것을
주어라.

사랑을 보고자 한다면,
사랑에 저항하는 방어의 저변에서
사랑을 구하는 호소를 인식하는 것보다
더 나은 길이 있겠는가?
또한 사랑을 청하는 호소에
사랑을 주는 것보다
사랑의 실재를 배울 수 있는
더 나은 길이 있겠는가?

이해하면 진가를 인식하고,
진가를 인식하면 사랑하게 된다.

너의 사랑에서
아무도 제외하지 말라.
누군가를 제외한다면
너는 성령을 환영하지 않는
어두운 구석을
마음에 숨길 것이다.
그리하여 너 자신을
성령의 치유권능에서 제외하니,
너는 전체를 사랑하지 않아
완전하게 치유되지 않기 때문이다.

오직 사랑만을 원할 때
다른 것은 전혀 보지 않는다.

공격 없는 사랑이 들어온 그 순간 생겨난 것은
영원히 너와 함께 머무른다.
너의 치유는 그 순간의 결과 중 하나이다.

너는 너를 안전하게 한다고 생각하는 것과
자신을 동일시한다.
그것이 무엇이든,

그것이 너와 하나라고 믿을 것이다.
너의 안전은 진실에 있다.
거짓에 있지 않다.
사랑이 곧 너의 안전이다.
두려움은 존재하지 않는다.
사랑과 동일시하라. 그리하면 안전하다.
사랑과 동일시하라. 그리하면 너는 집에 있다.
사랑과 동일시하라.
그리하여 너 자신을 찾으라.
사랑은 너의 힘이다.

형제여,
우리는 함께 살고
함께 사랑하듯,
함께 치유한다.

치유란 두 마음이
서로 하나임을 보고
기뻐하는 생각이다.

너의 슬픔은
하나님의 공동 창조자라는
너의 기능을 완수하지 않아
스스로 기쁨을 박탈했기 때문이다.

치유란 행복하게 하는 것이다.
너는 자신을 기쁘게 할 기회가 얼마나 많았고
얼마나 많은 기회를 거부했는지 생각해보라.
그것은 치유되기를 거부했다는 것이다.

잠시 생각해 보라.
네가 보는 세상은
아무것도 하지 않는다.
세상은 아무런 영향을 미치지 않는다.
세상은 단지
너의 생각을 보여줄 뿐이다.
네가 마음을 바꿔,
진정으로 하나님의 기쁨을 택할 때,
세상은 완전히 바뀔 것이다.
전에도 그러했고,
지금도 그러하며
앞으로도 영원히 변함없을
너의 거룩한 자아는
하나님의 거룩한 기쁨으로 빛난다.

네게 속한 빛은
기쁨의 빛이다.
광휘는 슬픔과 무관하다.
기쁨이 일어나면

이를 함께 나누기를 전적으로 뜻하게 되고,
하나가 되어 반응하려는
자연스런 충동이 마음에 고취된다.
기쁨으로 충만하지 않은 치유사는
동시에 여러 반응을 일으켜
충만한 마음으로 반응하는 기쁨을 주지 못한다.

기쁨은 통합된 목적이며,
기쁨과 평화는 결코 헛된 꿈이 아니다.
기쁨과 평화는 너의 권리다.

진리가 두려움을 대신하면,
기쁨이 고통의 자리를 대신하기를 기대한다.

사랑의 부름에
기쁨으로 답하지 않으려는가?

계시는 순수한 기쁨의 경험이기에,
치유된 마음만이
효과가 지속되는 계시를 경험할 수 있다.

기쁨과 영원은 분리될 수 없기에,
기쁨만이 영원히 늘어난다.

우리는 자유롭게 선택할 수 있다.
고통 대신 우리의 기쁨을,
죄악 대신 우리의 거룩함을,
갈등 대신 하나님의 평화를,
세상의 어둠 대신 천국의 빛을

네 안에 있는 빛

여기
세상이 줄 수 없는 빛이 있다.
그러나 그 빛은 네게 주어졌기에
너는 줄 수 있다.
네가 빛을 주면,
빛은 세상에서 너를 불러
빛을 따르게 한다.
이 빛은 이 세상 그 무엇보다도
강렬하게 너를 끌어당긴다.

빛을 구하라.
그리하여 네가 빛임을 배우라.

조용히 앉아 눈 감으라.
내면의 빛이면 충분하다.
오직 그 빛만이
시력을 선물할 수 있다.
바깥세상을 차단하고,

너의 생각들을 내면의 평화에 깃들게 하라.
평화가 깃든 생각은 길을 알고 있다.

너의 내면 빛나는 평화 속에
완벽한 순수가 있다.
너는 거기서 창조되었다.
두려워 말라,
내면의 아름다운 진실을 보는 것을.
비전을 흐리는 죄책의 구름을 뚫고,
어둠을 지나
빛을 보게 될 거룩한 곳을 보라.

죄에 물들지 않은,
온전한 사랑으로 영롱한 순수가
너의 내면에서 빛난다.

빛은 한계가 없고,
잔잔한 기쁨 속에
세상으로 퍼진다.

오직 너만이
네게서 무엇이라도 뺏을 수 있다.
이 깨우침을 반대하지 말라.
이것은 참으로 빛이 밝아 오는 시작이다.

이 단순한 사실을
다양한 형태로 부인한다는 점을 기억하라.
이러한 너의 부인을 빠짐없이 인식하여
단호히 반대하기를 배워야 한다.
이것은 다시 깨어나는 과정에서 결정적인 단계다.

빛을 두려워하지 않는 한,
과거의 그림자가 현재를 어둡게 할 수 없다.
빛을 두려워하는 경우에만 너는 어둠을 선택하며,
마음에 어둠을 간직한 너는
형제의 실재를 가리는 먹구름을 본다.
빛이 오면 꿈은 사라지고
너는 볼 수 있다.

혼자라면 우리는
미천하지만,
함께라면 우리는
혼자서는 생각조차 할 수 없으리만큼 찬란하게 빛난다.

빛 속에서 사람들을 볼 때마다
너는 너의 빛을
보다 가까이서 인지한다.

형제에게서 자유를 보고,

어둠에서 해방되는 법을 배우라.
네 안의 빛이 그들을 깨우고,
깨어난 그들은 너를 잠 속에 버려두지 않을 것이다.

등불은 형제를 위해 네 안에 밝혀졌다.
이 등불을 형제에게 건넨 손이
두려움을 지나 사랑으로
너희를 인도하리라.

네가 데려온 모든 이가 너를 비추고,
너 또한 감사하며 그들을 비추리니,
그들이 너를 이곳으로 데려왔기 때문이다.
너의 빛은 그들의 빛과 결합하여
저항할 수 없는 강렬한 힘으로
네가 보는 사람마다 어둠에서 벗어나도록 끌어당긴다.

한 사람 안에 있는 빛이
모두 안에서 이 기억을 일깨운다.
네가 형제 안에서 이 빛을 볼 때,
너는 모두를 위해 빛을 기억하는 것이다.

너희를 결합하는 빛이 온 우주를 비추고,
그 빛은 너와 네 형제를 결합하기에
너희를 창조주와 하나가 되게 한다.

하나님 안에서 안식하기

치유할 때
너는 하나님의 법을 기억하고
에고의 법을 잊는다.

그러므로 치유란
하나님의 법에 따라 생각하고
그 법의 보편성을 인식하여
지식에 다가가는 방법이다.

두 사람이 치유를 위해 결합할 때,
하나님이 거기 계신다.

누구라도 하나님께 선물을 청해 받을 때마다,
아무도 잃을 수 없고 모두가 얻는다.

불안해하지 말라.
너는 하나님의 평화로 가는
고요한 여행길에 올랐다.

모든 이는
성령의 치유와 해방을
평화의 선물을
받을 동등한 자격이 있다.

"나는 하나님 안에서 안식한다."
흔들림이 없는 이 한 생각이
폭풍과 투쟁을 뚫고,
불행과 고통, 상실과 죽음을 지나,
하나님의 확실함으로
너를 데려가리라.
하나님의 확실함이 치유할 수 없는 고통은 없다.
하나님의 확실함이 해결할 수 없는 문제는 없다.
하나님 안에서 안식하는 네 눈앞에서
모든 겉모습이 진리로 변할 것이다.

오늘은 평화의 날이다.
너는 하나님 안에서 안식하며,
세상은 증오의 칼바람에 찢길지라도
너의 안식은 조금도 흔들리지 않는다.
진리가 주는 안식은 네 것이다.

눈을 감고, 고요 속에 침잠하라.
안식과 휴식의 이 시간

광란의 공상들은
이미 사라진 열병의 꿈에 지나지 않음을
마음으로 확인하라.
고요한 마음으로
감사하며 치유를 받아들이라.
너는 이제 하나님 안에서 안식하기에,
더 이상 무서운 꿈이 오지 않을 것이다.
오늘 시간을 내어
꿈에서 나와 평화에 들라.

기적수업 합본 원문 출처

1부 영혼의 선물

빛의 길

WB370, 수업의 성격: WB343, T147; T16; T525; T1; WB106 기적: T3; T229; T3; T623; T439; WB345 목적: T385; M25; T111; T456; WB363; WB409 선택: T470; T183; T703; T376; WB378; T470 진리와 실재: T156; T83; T169; T264; T463; T483; T302; T167; T306; T166; T1; T417; WB439

마음

T147, 마음: WB317; T86; WB254; T11; T404; T406; T126; WB361; WB333; WB400; WB429 믿음: T138; T128; T525; WB16; WB200 생각: WB28; WB37; WB123; T127; T30; WB490 지각: T41; T10; T217; T82; T479; T222; WB373; WB48; T340; M52; WB470

꿈과 허상

T396, 꿈: T395; T396; T536; T626; T396; T658; WB150; WB362; WB361; T629 허상: T358; T495; T160; T678; T496; T513; T134; WB200; WB368; M38; WB98; WB86

세상과 시간

T81, 세상: T467; T618; WB239; WB252; WB388; T539; WB51 시간: T188; T259; T263; T264; T264; T319; WB249; WB252; WB324; WB350; WB461

잘못된 정체성

T58, 육체: WB400; T572; WB400; T438; T702; WB444; T159; T636; T159; WB 382; T341; M60 에고: T86; T135; T410; T68; T143; T161; WB118;

T310; T153; T328; WB198 자아개념: WB162; WB264; T131; WB231; T699; T694

진정한 정체
WB460, 정체성: WB278; T323; T503; WB380; WB444; WB502; WB478 자아: T189; T651; T404; WB66; T555; T55; WB167; WB207 영: T10; WB175; T11

여정의 장애물
WB76, 고통: WB376; WB376; T453; WB189; T485; T651; WB380; WB377; WB376; WB458 죄책: T249; T65; T86; T251; T277; T278; T584; T87; T292; WB398 두려움: WB431; WB80; T225; T31; T33; T228; T228; T228; T230; T302; T102 분노와 공격: T226; T552; T336; T132; T42; T510; T102; WB43; T673 판단: T48; T48; T50; T267; T463; T528; T687; WB475; M30 방어: T504; M14; WB263; WB263; M14; WB266; WB266; M43; wb296

치유 관계
T164, 용서의 실천: T294; M54; WB225; T14; T338; T372; T583; T442; T578; T586; T588; T645; WB225; T570; WB106; WB76; WB420; WB222; WB493 교육과 학습: T685; T468; T507; T93; M1; M1; T54; T95; T102; T101; WB298; M1; T131; T102; T96 형제를 인식하기: T147; T218; T227; T120; T273; T456; T503; T556; T616; T664; T174; T182; WB503 치유와 전일: T417; T24; T271; T141; T224; T229; T307; T399; T608; T628; WB273; M27; T270; T9 거룩한 관계: T477; T491; T132; T11; T148; T359; T390; T506; T398; T152; WB174

평화적 대안
T514, 귀향: T358; T156; T271; T250; T399; WB352 자유 T35; WB383; T196; T16; WB401; T346 구원: T698; T670; T696; T695; T502; WB176 사랑: T62; T357; T269; T243; T245; T429; T331; T413; WB336; WB391;

M25; WB340; WB238; WB239; T133; WB229 하나님께로 깨어남: T246; WB442; T152; T652; WB186; T156; WB344 평화의 조건: M31; T19; WB362; WB361; WB362; T102; T150; T243; WB206; T386; T511; T409; T521; T555; WB11; WB371; WB372 빛과 기쁨: T79; T397; WB370; T74; T672; WB325; WB106; WB197 새로운 시작: T695; T683; WB234; WB374

2부 평화의 선물

선택은 우리에게 있다
T464, 평화의 수용: WB233; T150; T87; T289; T615; T323; T323; T131; T471; T63; T554; WB341; WB441; WB293 우리의 공통된 목적: T68; T535; T524; T80; T506; T659; WB279

너의 마음에 대해 마음을 바꾸라:
WB54, 마음의 힘: T150; T125; T31; T447; WB252; WB34; WB81; WB81; WB79; T11; WB175; M54; WB254; WB362; T152; WB421 지극은 거울이다: T10; T188; T217; T226; T479; T695; T479; T547; T688; T40; WB432; WB97 생각의 힘: WB28; WB28; WB483; T109; T7; WB90; WB28

네가 실재라고 생각하는 것을 바꾸기
T166, 꿈: T652; T652; T268; T189; T649; WB456; T646; T645; WB206 허상의 대가: T362; T131; T260; T259; T522; T357; T432; T357; WB134; T368; T504; T637; M93; WB200 과거를 보내기: T271; T652; T264; T264; T366; WB136; T367; T330; T319; T319; T264; T319; WB207; T658; T317; T434; M63 실재를 환대할 때: T208; T163; T169; T225; T503; WB448

평화의 장애물
T440, 특별함의 추구: T529; Y529; T528; T536; T529; T532 희생의 의미: M35; T341; T342; T345; T640; T346 두려움과 죄책감의 장막: T427; T313; WB23; WB245; T676; T230; T504; T300; T449; WB432; WB394; WB487;

T429; T388; T264; T275; T248; T276; T249; T277; T331; T328; T345; WB118; T275; T289; T278; WB457 판단과 방어를 내려놓기: T49; T48; T174; WB419; WB499; T463; M40; T521; WB296; T21; WB270; WB339; T250; WB353; WB266

갈등의 종말

WB488, 분노와 공격에 대한 재해석: M46; M48; T646; T133; T228; T227; T42; WB43; T98; T97; T143; T102; T236; T553; M13; T102; WB317; WB154; WB92 갈등과 전쟁의 해결: WB487; T538; M12; T514; M11; T605; T513; T354; T514; T92

나와 하나인 형제에게 평화를

WB311, 에고의 오류: M83; T60; M83; T173; T143; T81; M86; T65 너는 유일자아다: WB173; T102; WB184; T278; T52; WB122; WB83; T211; WB279; WB439 형제를 알기: T69; T501; T148; T583; T154; T84; T147; T80; T456; T558; T497; T70; T230; T70; T507; T648; T273; T648; T685; T699; T704; T11; WB498; T344; T588; T155; WB119; WB503

평화는 우리를 통해 온다

WB233, 가르치는 것이 곧 배우는 것이다: T102; M6; T109; T143; T690; T106; T82 주는 것이 받는 것이다: T699; T447; T332; T555; WB204; T29 모든 것에 용서가 깃들게 하기 위해: T536; T416; T373; T373; T368; T442; T521; T443; T586; T600; T645; T649; T674; T673; WB478; WB222; WB420; WB420; WB398; WB437; WB76; WB261; WB86 세상으로 평화를 가져오기: T553; WB330; T614; T664; T664; M38; WB371; WB373; WB373; T487; WB388; WB152

평화의 선물

WB313, 치유: T489; T206; WB270; T164; T394; T230; T608; T265; WB282; WB274; WB448 자유: WB383; WB383; WB51; WB356; WB487 사

랑: T255; T256; T267; T1; T92; T331; T311; T247; T363; T460; T458;
T458; T303; WB245; WB474; T295; T592; M60; WB473; WB482; WB119

열려있는 평화의 길
T316. 평화로 가는 길은 열려 있다: WV324; T50; T315; T38; WB377; T504;
T82; T588; T45; T208; T199; T268; WB361; WB362; WB402

3부 치유의 선물

치유의 열망
T257. 치유의 결정: T206; T243; T555; T679; T242; M22; T394; WB337 치유의 조건: T628; T227; T227; T179; T123; T601; T608; T150; T203; T608; T608; T607; WB273 서로 치유하기: T150; WB272; WB279; T555; WB273; T600; T601; T601; T484; WB392; T173; T601; T413; T425; T277; WB504; T449

병의 꿈
WB76. 허상의 장막: T212; T361; T460; T671; T667; M27; T385; T634 분리가 곧 병이다: T234; T272; WB450; T229; M58; T165; M19; M18; T205; T193; WB283 몸의 한계: T107; T635; T157; T636; T199; WB400; T108; T157; T157; T159; T159; T160; T157; T163; T159; T107; T341; WB405 네가 보는 세상: T285; T23; T612; T610; T609; T239; T612; T671; T609; WB274; WB449 시간과 영원: T271; T174 T259; WB12; T583; WB14; T271; T367; T272; T88; T200; T308; T365; T319; T320; T590; T265; WB472; T590; WB387; WB388; WB413 두려움에서 믿음으로: T122; T228; P11; T70; T225; T302; T194; T124; T444; T419; T420; T919; WB464

꿈의 원인
T616. 공격과 비난: T227; P23; WB505; T308; T211; T211; T211 죄책에서의 탈출: P12; T289; T290; T244; T277; T276; T433; T299; T298; T320; T292

지각의 힘: T485; T482; T242; WB350; T376; T483; T137; T117; T165; WB393; WB483; WB457; WB371; WB458 배움과 가르침: T311; T315; T703; T206; T284; T206; WB385; WB345; T114; T84; M58; M50; T96 마음의 변화: WB252; P10; M19; T195; T165; T165; T623; T196; T125; T141; WB485

깨어나는 수단
T164, 꿈에서 깨어남: T626; T370; T626; WB281; T626; T627; T628; WB272; WB281; WB281; T240; T164; WB273; M34 내면의 성찰: T150; T651; T651; P19; T281; T610; T512; T19; T110; T211; WB83; WB445; T409 심리치료: P1; P2; P11; P2; P3; T179; P17; P21 용서와 감사: M57; T416; WB185; T586; T672; T673; T674; WB398; WB236; WB137; WB137; T337; T670; T85; WB313; WB489; T675; T447; T455; WB390; WB390; WB390; WB390; WB102; WB152 실재와 진리: T177; T195; T176; T225; T678; WB282; T368; WB273; WB282; T222; T389; WB200; WB200; WB270; WB272; T226; WB498; WB270; WB498; WB271

자유의 기쁨
T224, 거룩한 순간: T326; T368; T489; T320; T403; T403; T407 비전과 거룩함: T246; T467; WB94; T463; T487; T704; WB203; T464; T465; T465; T448; T448; T449;T464; WB311; WB311; T470; T506; T207; WB91; T265; T91; T74; T165; T122; T360; T212; T98; T469; T469; T236; T247; T277; T274; T136; T137 사랑과 기쁨:WB185; T229; T229; T128; T256; T243; T610; WB444; T127; T224; T75; T130; T74; WB377; T74; T160; WB193; WB192; T203; T74; T116; WB378 네 안에 있는 빛: T266; T146; WB371; T278; T279; T266; T211; T263; T262; T279; T278; T288; T449 하나님 안에서 안식하기: T121; T122; P13; WB363; T570; WB205; WB205

기적수업 묵상집

번역 : 구정희, 김지화
표지 디자인 : 김지화
펴낸 날 : 2023년 8월 초판 1쇄 발행
펴낸 곳 : 도서출판 기적수업 출판 등록 517-91-50413
　　　　　서울시 양천구 목동중앙본로17길 20

Gift from a Course in Miracles/ edited by Frances Vaughan, Roger Walsh

Copyright ⓒ1983, 1986, 1988 by Foundation for Inner Peace
Introduction ⓒ 1995 by Frances Vaughan and Roger Walsh

All right reserved. This book, or parts thereof, may not be
reproduced in any form without permission.

이 책의 저작권은 미국 내면의 평화재단과 독점계약한 도서출판 기적수업에 있습니다. 신저작권법에 의해 한국내에서 보호받는 저작물이므로 무단 전제와 무단 복제를 금합니다.